だいわ文庫

自分の構造

逃げの心理と言いわけの論理

加藤諦三

JN083641

大和書房

逃げない自分をつくるために
——まえがきに代えて——

人間のなかには自分の弱点を長所としてしまった人もいれば、一生涯自分の弱点にとらわれて悩みつづけて自分の人生を台無しにした人もいる。

北風で自分をきたえた人もいれば、一生北風にさらされる自分を憐れみつづけた人もいる。自我の基盤が強固である人と脆弱である人との違いである。

自我の基盤が強固である人は、何もしないのにやたら疲れたりはしない。

ところが、自我の基盤が脆弱である人は、何もしないのにすぐに疲れたり、いつも退屈したりしている。自我の基盤ができていなければ、避けられぬものを避けようとして一生無益なあがきをしつづけるに違いない。そういう人は過ぎてしまったことを悔いて悩んで健康を害することもあるだろう。取りかえせないものを取りかえそうとしてイライラして過ごすこともあるだろう。あるいは、決しておこりそうもない将来の事件を仮定して取り越し苦労をしてやつれることもあるだろう。

ゆずらなくてもいいことを勝手にゆずっておいて憂鬱になる人もいる。自分にできることをしないで、できないことに憧れるだけでブツブツいって年老いていく人もいる。みな自我の基盤が確立していないのである。

自我の基盤が確立してくると、〝やりたいこと〟と、〝できること〟とが一致してくる。

モラトリアム人間は社会人にならないのでなく、なっていくことができないのである。自我の基盤ができている時、はじめてその基盤の上に立って自我を限定していくことができる。どこにいてもお客様のようであるのは、自己をキッパリと決めていく基盤を持っていないからである。限定された自己を持たないのは、その自己は立つべき基盤がないからである。

今、われわれが確認しなければならないのは、その基盤が何によって強化され、何によって崩壊するか、ということであろう。

この本では、われわれの生を支える基盤、それがどのようなものであり、どのように崩壊するのか、をテーマに考えてみた。

まず第一章では、人間の育つ過程を考えて、どのような環境が自我の基盤をつくるのにマイナスであるかを問題にしてみた。

次に、自我の基盤を強化する行動（＝自分を好きになる行動）と自我の基盤を崩壊させる行動（＝自分を嫌いになる行動）を考えた。そして第三章では、その行動の動機の問題をとりあげた。最後に、自分の基盤を強化するには自分に直面するしかないのだということを述べた。

一九八〇年四月

加藤諦三

目次

第II章

自分を掘り下げる

自分を好きになる行動・自分を嫌いになる行動

第III章

自分をつくる

不安・空しさ・劣等感からの解放

焦りや不安ばかりが先立つとき……その自分の心理状態を的確に知るために 114

死にたいほど恥ずかしいことでも
気になることを気にならなくなるまでやってみる
何事にも集中できない悩み
〝今〟を明日の手段と考えるから焦りが深刻になる
〝今ここにある自分〟を大切にする
じっとしていられない不安との対決
内面の葛藤からの解放
自分が自分を好きになるということ
自分が自分を嫌いになる人間

第Ⅳ章

自分を受け入れる

〝他人の同情なしには生きていけない〟
愛されたいためにウソをつくとき
不幸の流れをどこで変えるか

〝逃げない生き方〟とは一体、何か

他人によりかかっていては強くなれない

〝逃げ〟と〝甘え〟は表裏一体である……234

生まれましい願望が持てない依存型人間
愛されることだけを求めるのは…
自己中心的な人間の〝親切〟とは？
自分の行動の動機をはっきり知る
まわりとのトラブルを生む行動の背景
他人依存の心理をどう克服するか

本作品は、現代の観点からは考慮すべき表現・語句が含まれる箇所があるものの、当時の社会背景を踏まえた著作であるため、専門用語を含めて出来るだけ原文のままとしています。

第 1 章

自分をみつめる

自立した生き方ができない精神的基盤

あるがままの自分が受け入れられない……

不安と無気力が増幅していくプロセス

自分を実際以上に見せようとするのは……

自分を実際以上に見せたいと思う人は多い。僕も昔はずいぶん自分を実際以上に見せたいと思った。しかし、この自分を実際以上に見せることの危険を気づいていない人は案外多い。

自分を実際以上に見せることの危険は、それによって実際の自分を自分が嫌いになるということである。われわれは自分を実際以上に見せることによっていよいよ実際の自分に自信を失う。いよいよ実際の自分を自分が軽蔑するようになる。

実際の自分に自信があれば、何も無理して自分を実際以上に見せようと努力などしない。実際の自分を自分自身が尊敬できないからこそ、他人にむかって自分を実際以上に見せようとするのであろう。実際の自分以上に自分を見せようとすることで、実は実際の自分を自分が卑しめていることになる。

そして他人が自分を卑しめること以上に、自分が自分を卑しめることは危険である。危険であるとは、そのことのほうが、より生きることを辛く重くしてしまうということである。ギリシャ悲劇「オイディプス王」の中の一節に「みずから招いた苦しみはいちばん痛い」という名言がある。

われわれは他人の軽蔑よりも自分で自分を軽蔑することによって、より不幸になる。よそおえばよそおうほど、人生は重苦しく不安になっていく。それはよそおうことで実際の自分を貶《おとし》めているからである。他人にむかって実際の自分を隠すことで、実際の自分を不必要に卑しめることになってしまう。

自分を実際の自分以上に見せようとする行動は、他人は実際の自分を受け入れてくれない、好いてはくれない、尊敬してくれないということを前提にしている。そしてそのような行動はその前提を、より人に確信させることになってしまう。

そのことが何十年もつづけば、まるで自分は生きるに値しない生命であるかのごとく感じはじめたとしても無理ないであろう。

実際の自分を隠しつづける人は、自分が感じる喜びさえも、「くだらないことを喜ぶ」

という理解の仕方をし、自分が喜んでいることさえ他人に隠そうとする。

何かを隠している人は、自分に自信がないからたえずオズオズビクビクしている。実際の自分が人前に明らかになれば、自分は他人に受け入れてもらえないと錯覚しているのだから、ビクビクしているのは当然である。

自分を実際以上に見せようとする、つまり自己の隠蔽は、隠蔽してしまった自己を限りなく卑下していく。したがって、そういう人はいつも他人に気がひけている。気がひける必要のない時、気がひける必要のない所でも気がひけている。それは現実の自分は価値のないもの、として隠蔽してしまったからである。しかしその隠蔽した自己を心の底の底でよく知っているのは他ならぬ自分である。他人の不当な要求にさえ「ノー」といえないという人は、このように自己を隠蔽している人であろう。

彼は自分を隠すために他人の要求に「イエス」といっていなければならないのである。他人にむかって常に「自分はこんなに価値があるのだぞ」と示していないと不安になるのである。

自分を実際以上に見せようとしていた人たちは、まずノートとペンを持って、そこに、自分を実際以上に見せようとしたことで、どのようなプラスが自分にあったか、箇条書きにしてみるとよい。

次にどのようなマイナスがあったか、箇条書きにしてみることである。たとえば、他人といるといつも何かビクビクして疲れる、などということをノートに書いてみるとよい。

そのプラスとマイナスの二つを比べて、そのような行動がいかにくだらないか、自分の眼にはっきりさせることである。

かたよった価値観が生むもの

ビクビクするのは、隠蔽した現実の自己と、見せようとする理想の自己とのギャップがあるからであろう。

理想の自我像は当然、親によって形成されたものであろう。小さい頃、その理想の自我像を実現することで親にほめられ、受け入れられるのである。幼児期から少年少女時代にかけて、自分のすべてである親にどのように受け入れられるかは、子供にとって最大の問題である。

その時、自分が理想的である時のみ受け入れられていたとすると、自分が世界に受け入れられるためには、自分は理想的でなければならないということを学ぶ。

現実の自我像と理想の自我像のギャップは大きい。しかし周囲に受け入れられて人間ははじめて生きていかれる。そのような親に育てられた子供は異常なまでに理想の自我像に執着する。

受け入れられないところの現実の自分をどうしても無価値に感じる。そしてその自分を隠す。そのことによって現実のありのままの自分に対する無価値感は深刻化する。

やがてそれは錯覚になる。他人もまた現実のありのままの自分を知ったら、自分を無価値と思うだろう、と錯覚する。そして他人も自分も同じ価値の序列観を待っていると信じてしまうようになる。

Aが最も価値があり、次はBに価値があり、その次に……そして最低のことがZであると信じている。その価値の序列を他人も同じように信じているとその人は錯覚するのである。

親への心理的依存が強ければ強いほど、この錯覚は完全なかたちでおきる。

他の人間はBを価値があると思い、Aはさして価値がないと思っているなどということは考えもつかない。もしそう思っている人がいれば、そう思っている人自体が程度の低い人間と信じることになる。

親への心理的依存の強い人間は、自分と同じ価値の序列観を持っている人のみが立派な人と思っている。つまり、その人にとって世界とは、さまざまな価値観を持った人によって構成されているのではなく、正しい特定の価値観を持った人と、それ以外の程度の低い人とによって構成されていることになる。

そして自分はその特定の価値観を持った人々、つまり自分の親と同じ価値観を持った人々、いいかえれば自分と同じ価値観を持った人々に受け入れられなければ、生きている価値がないと感じる。

その人にとって、世界とは自分と同じ価値観を持った人々のことなのである。その人にとって世界は実に狭い。親への心理的依存の強い人ほど世界は狭いものである。そういう人はどんなに出世しても世界は狭い。その人にとって世界は所詮、同じ価値観を持った人々の集まりであり、そしてその小さな世界は外にむかって閉ざされている。

自分の好きなこと、たとえば学問であれ、スポーツであれ、商売であれ、何であれ、その好きなことをやって成功した人は、自分の世界を持っているが、その自分の世界は外にむかって開かれている。

スポーツで成功したからといって、学者のことを馬鹿にすることもなければ、商売をやっている人とつきあわないわけでもない。スポーツをやっている人とつきあう時だって、何も自分たちのつきあいが、最も格の高いつきあいだとも信じていない。

かたよった価値観を持った親に育てられ、その親への心理的依存を断ち切れない人は、どうしても世界が狭くなる。あるひとつの価値を信じ、そして他の価値を排除してしまう。自分の信じる価値とそれ以外の価値が共存していかれない。

子供に自己不信を植えつける親

心理的依存の強い人は、親と共有した自我の理想像に執着する。そしてその理想像に現実の自分が到達できない時、絶望してあたかも自分が理想像に到達しているかのごとく振る舞う。

頭のよい男を自我の理想像として持ちながらも、現実の自分がそこまで頭がよくない時、その男は、あたかも自分がそこまで頭のよい男であるかのごとく他人にも自分にも振る舞う。それが自分を実際以上に見せようとする、ということである。そして頭のよい男のごとく振る舞うことで、そこまで頭のよくない自分を心の中で貶める。結果としていよいよ自信を失う。

頭のよい男のごとく振る舞いながら、現実の自分を貶め、頭のよくない男に出会うと激しく軽蔑する。その軽蔑は自分の内面の不安を表している。

頭のよい男のごとく振る舞うことで、一方で現実の自分を貶めながら、他方で、頭のよい男を過大評価するようになる。いよいよ頭のよい男は価値があると錯覚するようになる。

いよいよ頭のよい男の価値を過大評価すれば、それが逆に現実の自分をいよいよ価値のないものに感じさせてしまう。ありのままの自分として行動しないことは二重に自分を追い込んでいってしまう。

そして、ありのままの自分として行動することの最大の障害が、自分を隠すことによって内面に住みついてしまった自己不信なのである。

そして、この自己不信への最初の第一歩は情緒的未成熟な親によってもたらされる。以後、少年時代・青年時代を通じて、自分の周囲に対する態度によってこの自己不信を増殖しつづけてきてしまう。

もちろん、すべての親が自分の子供に幼児期に自己不信の最初の第一歩をとらせてしまうわけではない。今述べたごとく情緒的に未成熟な親、つまり親でありながらも、自己のアイデンティティーが確立していない親がそのような罪を犯す。つまり、最低の父親は感謝を要求する父親であり、最低の母親は「ママのこと好き?」と聞く母親である、というあの親たちである。

なぜこのような親が最低の親かといえば、他人に感謝を要求する親、つまり恩きせがましい親は、まだ自己が確立していないからである。自己が確立していないということは、内発的な感情を持っていない、ということである。自分はこれがしたい、ということを持っていない親は、子供に何かしてやり、感謝されることで、自分の存在を確認しようとする。

〝してやる〟とか〝してもらう〟とかいうかたちでしか自己を確認できない人を親に持ったら子供はたまらない。子供は親の自己確認の手段になってしまうからである。

たとえば自己の確立していない親が、家族旅行に行くのは、自分が別に旅行を趣味としているからではない。家族旅行に行く最大の動機は、家族から感謝されるためである。

鉄道路線に全部乗りたいとか、温泉が好きで全国の温泉につかってみたいとかいう人の旅行は、旅行そのものによって、自己を確認できている。旅行をしたいという強い内発的感情を持っている親と旅行することは子供にとって気が楽である。しかし、恩をきせることによって自己を確認しようとしている親と旅行することは子供にとって地獄であろう。

それは内発的感情を持つ人間のほうは、旅行中の他人の言動によってそれほど傷ついたり、不機嫌になったりすることがないからである。しかし子供から感謝されるために旅行している親は、子供のほんの些細な言動によっても不機嫌になる。その親は家族が終始、自分に感謝の念を示すことで自分の感情のバランスを保っているのであって、その感謝の念が通じてこなければ途端に感情のバランスを失って不機嫌になってしまう。

〝してやる〟〝してもらう〟の心理の裏側

〝してやる〟とか〝してもらう〟とかいうかたちでしか自己の確認をできない人間は、他人の内面にまで立ちいってくる。それは他人がどう行動し、どう思うか、ということが直接自分の自己確認に影響するからである。

したがってこのように自我の未成熟な人間の下にいる者はたまらない。自我の未成熟な人間を親に持った子供、自我の未成熟な人間を上役に持ったサラリーマン、それは地獄のような生活を強いられる。

いかに自我の未成熟な人間といえども、周囲の人間すべてに不機嫌になれるわけではない。自分より権力を持っている人にはやはり笑顔で接する。

そこで、不満になったぶんだけ自分より弱い立場にある人間の言動に対する要求が強くなる。

「俺がこんなにお前たちのことを考えてやっているのに」という不満を持った親は始末が悪い。

子供は「そんなにしてくれなくても、お父さんは自分の好きなことをやってくれ」とはいえない。つまり親は自分の好きなことがないのであるから、好きなことをやってくれ、といわれることが一番恐ろしい。その言葉は、自分の心の底の底で知っている自分の欠点を自分に思いおこさせる言葉なのである。

真実は、自分のやりたいことがないから、家族のもののために何かをやって、感謝されて自己の確認をしよう、ということである。犠牲になっているのは親のほうではなく家族のほうである。

内面的な感情を持てる人間は、どんなに家族のために行動しても、そのことで恩きせがましくなることはない。

「お母さんが、こんなにまで……」とか「俺がここまでやってやっているのに……」とかいう親は、どうしても内発的な感情を持てないで苦しんでいる親である。他人への愛も、物事への興味も持てず苦しんでいる人間の悲鳴が〝恩きせがましさ〟なのである。

ところが、このように〝してやる〟とか〝してもらう〟とかいうかたちでしか自己の確認をできない親たちは、自己の確認のために何かをしてやった、とは思っていない。他人のためにある事をしてやったと本気で思っている。だからよけい始末が悪い。

〝してやる〟とか〝してもらう〟とかいうかたちでしか自己を確認できない親は、子供の内面生活にまで干渉してくる。恩きせがましいということはそういうことであろう。感謝を要求するということは、外にあらわれる行動と同時に内面のあり方への要求を含んでいる。

親は、自分が自己を確認するのに都合のよい価値観を子供が持つことを要求してくる。

もちろん、今、親子について論じているが、これは他の人間関係についても同じである。そんな夫は妻の言動や内面のあり方に対しても、やはりいろいろな要求をするだろう。そして、自分に自分の存在を確認させてくれないような妻の言動や考え方に接するならば、そのような夫はたちまちのうちに不機嫌になる。

〝してやる〟とか〝してもらう〟とかいうかたちで自分の感情のバランスを保っている人

間は、他人の一言で自分のこの感情のバランスを失ってしまうのである。

自我の未成熟な人は自分の感情が不安定なバランスの上に乗っているのである。

他人の言動に左右される

〝してやる〟とか〝してもらう〟とかいうことではなく〝自分はコレコレがしたい〟という具体的な欲求によって自分を確認できる人間は、他人の言動によって自分の気持ちがそう左右されることはない。そういう人は他人の一言で不機嫌になったり、他人のちょっとした行動で愉快になったりということはない。

「私とは私の希望のことです」という。それは、希望があるから自分があるということであり、希望があるから生きていかれる、ということであろう。

そのように根底において自分を支えるものを持っている人はよいが、他人の言動によってのみ自分の存在を意識できるという人は、明の時も暗の時も同じように不安である。このような人は嬉しい時にも嬉しいという感情に一体化できず、自分は今こんなに嬉しいんだと意識しなければ、嬉しいという感情を確認できない。意識するのは嬉しいということを自分にも他人にも印象づけようとするからである。

〝してやる〟とか〝してもらう〟とかいうかたちでしか自分の存在を意識できない人でも、もちろん気持ちに明と暗がある。不機嫌な時ばかりではない。しかし明の時も、決して明るい気持ちに自分を一体化させることができない。〝こんなに愉快だ〟と愉快さを意識することによってしか愉快さを確認できない。だから、いつも不機嫌な人が明るい気持ちを示すと不自然さが出てしまうのであろう。

自分の気持ち、自分の感情をそのままのかたちでは感じることができない。それは意識を通じて確認される。つまり、確認すべき自己の未形成なのである。だから意識によって確認している。そして嬉しい時も悲しい時もそれを自分と他人に印象づけようとするから態度がオーバーになる。

キッパリと決まった自己が形成されていないからこそ、他者との関係もつくれない。自己があって、その自己が他者に対して感情を持っていくということがない。

自己と他者との境界があいまいで、他者の動きがそのまま自己の混乱につながる。池の中の水のように、一方の端で波がたつと他方につたわっていく。

他者の言動によってストレートに自己の感情のバランスが崩れてしまう。他者のほんの些細な言葉によって自己の感情は混乱する。

まったくの赤の他人に対しては、意志の力によってバランスを保とうとする。しかしそれはかろうじて意志で保たれているバランスであって、家族等のまえにくれば、とたんに崩れる。それが内面《うちづら》の悪い人である。

自然のバランスであれば、なかなか崩れないが、意識的に保たれているバランスは緊張がとけるととたんに崩れてしまう。そんな内発的感情を持てない親にしてみれば、妻子や部下は最大の甘えの対象である。

〝依存型人間〟が不機嫌になるとき

他者の動きによって自分の感情のバランスを失う者は、他者の動きに要求が多い。その要求をできるのは自分より弱い立場にいる者である。

他者の一挙一動が自分の感情を混乱させる、ということは、弱い立場の他者に対しては、一挙一動にいたるまで要求が出てくる、ということであろう。

そして、自分の感情を混乱させた責任はあげて他者にある、と信じている。

「君が本気でこんなことをするから」と妻や恋人や部下にむかって自分の不機嫌の原因を押しつける。そうなれば妻子や恋人や部下は、自分に自分の存在を確認させてくれるような行動を常にしていなければならない。

たとえば、家族の者はさきの旅行のような時であれば、むしろ行きたいのは父親ではなくて、自分たちである、という言動を父親にむかって大袈裟にしなければならない。その家族の言動によって父親は自分の存在を確認できるのである。

〝してやる〟とか〝してもらう〟とかいうことによってしか、自分の存在を感じることができない人間は、「そんなに君らが望むならつれていってやろう」という恩きせがましい言動で、自分が生きているという実感を持てる。恩きせがましくなるのは、内発的感情を持てない人間にしてみれば、恩きせがましい行動ほど自分の存在を実感させてくれるものが他にないからである。

しかし、どんなに恩きせがましい行動がその人に生きている実感を与えるとはいっても、それは一時的なことである。感情のバランスを保つためには、常に他人が自分にそのように接してくれなければ、感情のバランスは崩れ、その人はたちまちのうちに不機嫌になる。

今の旅行の例でいえば、旅行の間じゅう家族の者は父親に、自分の存在の実感を与えつづけるような言動をしつづけなければならなくなる。宿について温泉に入れば、父親のおかげでこんなに素晴らしい体験ができた、と大袈裟に感謝の気持ちを表現しなければならない。その大袈裟な表現がなければ、たちまちのうちに父親は感情のバランスを失う。

実は自分の中に強い内発的な感情がないから、家族旅行にきているのであるが、本人は「俺は自分のことでなく、皆のことばかりしてやっている」と解釈する。

そう解釈するからこそ、周囲はそれにふさわしい感謝の気持ちでこたえなければならなくなってくる。その感謝の気持ちの表現が不足すれば、「オレがこんなにまでしてやっているのに……」という気持ちになり不満になる。

この不機嫌な人間というのは、弱い自我しか持ちあわせていないので、この時の不満をハッキリとは表現できない。不満だけれど不満な気持ちを表現できない矛盾の中で不機嫌に押し黙ってしまうのである。不機嫌に押し黙ることによって、相手が自分の存在を実感させてくれるように行動してくれることを求めているのである。

不満である時、不満を明示的に表現できる人間には葛藤がない。不機嫌な人間というのは、不満でありながらも不満を明示できないでいるのである。「義理と人情」というのも、この情緒的未成熟な人間の間で大切なことなのである。つまり、相手が自分にしてくれたことについて自分は「義理」を感じる。そのように自分が相手に義理を感じることで相手は満足する。要するに恩きせがましい人間の間で大切なのが「義理」なのである。

些細なことに口うるさいタイプ

不機嫌な人間というのは、他人のせいにしなければ何事もできない人間である。

たとえ自分がしたいことでも「君がしたいといったから……」と他人のせいにしなければできない。

単純なことでもそうである。たとえば家にいて外に食事に行くのでも、自分がちょっと食事に行きたいと思っても、「君が行きたいのなら……」といって出かける。自分が食事に出かけたい時でも、「食事にでも行きたいんじゃないか、連れていってやろうか？」という表現しかできない。

基本的なところで自分の存在の実感を持っている人間にしてみれば、どうでもいい些細なことでも自分の感情にとっては重大なことなのである。そのような些細なことのなかにも、自分の存在を実感しようとするからである。

弱い立場にある者は、その強い立場にいる者の気持ちを先走りして「外に食事に連れていって下さい」といわなければならない。

父親にしてみれば、そのようにいう子は〝よい子〟なのである。そのような部下は上役にとって、近頃にない立派な社員なのである。それは、その子やその社員が自分の存在を実感させてくれるからである。

自己の内部が空洞である人間にしてみれば、些細なことであっても、気持ちの動きには時として決定的な影響を持つ。だからこそ、すぐに不機嫌になる人間というのは自分の近い人間の言動には、ごく些細なことにまで口をはさんでくる。普通の人から見ると、とにかく小さなことにまでうるさい人間なのである。

普通の人から見ればどうでもいいことまで黙って見すごすことはできない。それは娘の髪型から、言葉の抑揚まで、その人の感情のバランスを崩してしまうからである。その ある不機嫌な人間を父親に持つ娘が、これまた不機嫌な男性と恋愛してしまった。その娘は家を出るまではある髪型で、家を出るとすぐ別の髪型にするほど忙しかった。

これらの二人の男性は、その女性をある一定の位置において、そのうえで自分の感情に従って愛していたのではない。彼らにしてみればその女性と自分たちとの感情的境界がなく、その女性の些細な行動がストレートに自分たちの感情のあり方に影響してくるのである。

口うるさい人間というのは、自分の存在の実感を失っている。

だからこそ、ヒステリー性格のように感情的に幼稚な人間が〝偉大なる使命〟を口にしだす。それは、偉大なる使命ほど、自分の存在感を高揚させてくれるものはないからである。

まず救われるべきなのは？

劣等感でノイローゼになった者が、ある時「俺は世界の悩める者を救いたい」などということをいいだすのも同じである。自分が劣っているといってノイローゼになるほどの人間が「世界の悩める者を救いたい」などと大きなことをいうのはおかしいと感じる人もいるであろう。

しかしそれは逆で、自分が劣っているといってノイローゼになるほどの人だからこそ、その苦しみを一挙に解決してくれるものとしての偉大なる使命が必要なのである。

劣等感は、その意味では使命感と結びつきやすいのである。ことにケタはずれの使命感とは結びつきやすい。

カウンセラーについて、「まず救われるべき人は、自分なのか、他人なのか」と自問すべきであるといわれる。つまり自分が救われていないのに他人を救うということは難しいということである。

これはカウンセラーばかりではなく親についても、いや親についてこそいわれるべきことのように思われる。親自身が救われていないと、子供の人格を歪めてしまうことは間違いない。

劣等感を持ったり優越感を持ったりしている人は、他人を「救いたがる」傾向が強い。これをメサイヤ・コンプレックスという。このことは、感謝を要求する父親は最低の父親であるということとも同じ趣旨である。

他人を救いたがる傾向はいいのだが、実は他人を救って他人に感謝されたい、というのが根本の動機なのである。

他人のためにつくす善行の陰に劣等感を認めることは難しいだけに、当の本人は「俺はこんなにしてやっているのに」とただ不満になる。しかし恩きせがましい人間は劣等感を持っていることは間違いない。

よく「小さな親切、大きなお世話」といわれるが、感謝を要求しない小さな親切は大変有難く嬉しいものであるが、恩きせがましい親切は有難迷惑である。

これが他人の場合はよいが、親子となると大変である。

アダム・スミスは「かつて世の中のために働くといっている人間で、本当に世の中のために働いている人間を見たことがない」といっている。親についても同じようなことがいえるのではないか。

「かつて子供のためといって何かをしている親で、本当に子供のために何かをした親がいたためしはない」

「あなたのため」「お前のため」といいつづけられて育った子供は親にさからうことが難しい。

困難をひとつずつ解決していく

情緒的に成熟した者は一挙に物事を解決しようとはしない。ひとつずつ解決していこうとする。ひとつずつ眼の前の困難を除去しようとする。

情緒的に未成熟な者が一挙に物事を解決しようとするのは、「今という時」に落ち着いていられないからである。現在に安住できず、内面からたえずせかされているからである。現実があまりに強迫的であって辛くて仕方がない。だからこそ、この苦しみから一気に脱出したいと願う。だからこそ直面する困難をひとつずつ解決していくことができない。

情緒的に未成熟な者は一挙に困難を解決しようとするか、その困難から逃げるか、どちらかである。

深い劣等感を持つ者は、あまりにも苦しいから、〝少しずつ〟ということができない。一気に自分を救ってくれるものを求める。それがない時絶望する。そして投げやりとなり無気力となっていく。

他人のことばかり気になってしまう…
精神的乳離れができない根本原因とは

虚栄心から追い込まれる不機嫌人間

不機嫌な人間が自分の不満をハッキリと表現できないのは、虚栄心が強いからである。

彼は、娘の髪型までが自分の気持ちをかき乱すということは認めたくない。自分に対しても他人に対しても虚栄心が強いから、自分は鷹揚で、小さなことにはとらわれない人間であることを確認しようとする。自分はスケールの大きい人間である〝ふり〟を自分にも他人にもする。だからこそ、自分がいちいち他人に感謝を要求するような人間であることを認めることはできない。

だが、現実の自分はスケールの小さな人間である。となれば、たとえば家族の者が大袈裟な感謝の態度を明示しなくても、そのことにハッキリと不満を表現することはできない。

つまり進むも退くもできない袋小路に入ってしまったのが不機嫌な人間なのである。相手が自分に大袈裟に感謝しないのは不満である、しかしだからといって自分はスケールの大きい人間だからこそ、その不満を表現できない。不満を表現したらスケールの大きな人間ではなくなってしまう。

そこで、不機嫌な人間は、まるで他人が不機嫌で自分は不機嫌ではないかのごとく主張する。時に自分の不満どころか、自分が不機嫌であることさえも認めない。

そもそも根本は、自分はスケールの小さい物事にこだわる人間でありながらも、そのことを認められないことから出てくる矛盾が、不機嫌の原因なのである。

自分は他人の些細な言動にも傷つくのに、物事にこだわらない人間であるフリをするから、進退きわまってしまうのである。その抑圧された感情が不機嫌である。したがって、不機嫌は外にむかって明確に表現される怒りとは異なる。

不機嫌な人間にとって望ましいことは、たとえば家族の者が大袈裟に感謝の態度を示しながらも、べつにそんなことはどうでもいいのだ、気にするな、とでもいう態度を自分がとっていられることなのである。

自分がこだわっているのに、こだわっていないかのごとく振る舞えることが望ましい。

そのような環境をまわりがつくってやると機嫌がよい。

さて、ここで不機嫌な人間は自分を泥沼化してしまうことになる。

つまり、実はこだわっていながらも、こだわっていないかのごとく振る舞うのは、こだわっていないことが素晴らしいと彼が思うからである。

すると、そのように振る舞うことで、こだわらないことが素晴らしいという感情をより強化し、逆にこだわる態度は卑しいという感情を強化する。つまり、不機嫌になることで心の底の底にある自分への無価値観を強化していく。

実際の自分は小心で、臆病で、気が小さくて虚栄心だけが強い人間である。しかし自分が自分と他人にむかって認めさせようとしている自分は、太っ腹のものにこだわらない人間である。自分とは正反対の自分を自分にも他人にも認めさせようとするのだから大変である。

自分を実際の自分以上に見せようとすることは実際の自分を卑しめる、とさきに述べた。不機嫌な人は、自分とは正反対の自分を見せようとするのであるから、実際の自分を限りなく卑しめていることになる。

もろい生の基盤

不機嫌な人は、他人の些細な行動にもこだわる。その中に自分への軽蔑の意味がこめられていないかと神経をとがらす。

普通の人なら、そのまま見すごせる他人の行動を見すごすことはできない。ことに自分と近い関係にある人の行動はどんな些細なことでもこだわる。

朝、新聞受けから新聞を持ってきて家族の者が父親のまえにポンと置いたとする。するとそのポンと置く態度そのものにこだわる。置き方がぞんざいだと感じて、途端に不機嫌になってしまう。

それでいながら、置いた人にむかって「その置き方は何だ」とはいえない。それは、自分はそんなことで怒るような人間であってはならないからである。

したがって、慣れないうちは周囲の人間には一体その人が何で不機嫌になったのだか理解できない。

普通の人なら無頓着でいられることが、どうしても無頓着でいられない。不機嫌な人というのは、それだけもろい基盤の上に生きているのである。自らの生の基盤がもろくて、ちょっとしたことで、その根本の基盤が崩れてしまう。したがって機嫌のいい時でも何か不安定な明るさしかない。

無頓着でいられるためには、他人と自分との間に一定の距離がなければならない。一定の距離があるということは、自分の立場がなければならない。自分の立場がきっちりとしている者のみが他人の些細な行動に対して無頓着でいられる。

自分の根拠が自立していないから、他人の言動が、ストレートにその根拠をおびやかしてしまう。自分の存在の基本的基盤が確立していないために、何事にも無頓着になれないのである。

自分の存在の実感が確実なものは、他人の行動をそのままにしておくことができる。赤の他人より近い関係の人の行動によって不機嫌になるのは、近い人とのほうが距離を保ちにくいからである。

赤の他人といる時にはかすかに感じることができていた自分の存在も、近い人が現れることによって一挙に消失してしまう。自分の存在に対する手ざわりの実感を失った時、生きている手がかりを失って不愉快になる。

なぜ若者は自立できないのか

さて、このように他人の行動に無頓着でいられない父親を中心にした家族を考えると、どうなるだろうか。

当然、子供は心の隅から隅まで干渉されることになる。家族の箸の上げおろしにまで自分の感情のバランスを失う父親がいるということは、逆にいえば、箸の上げおろしまで干渉されるということである。

妻子の些細な言動によっても、自分の存在の基盤が危機にさらされるほど自我の弱い父親を中心にして営まれる家庭生活というのは地獄である。

父親はなにかを一人でやることができない。もちろん肉体的にはなにかを一人でやることができる。しかし、そのように弱い自我は、何かを自分からやった時、やったあとで何ともいえない空しさを感じる。自分から何かを一人でやった時、そこに決定的な何かが欠けているのである。

最も大切な何かを、自分から一人でやったことに対しては感じることができない。

だからこそ、〝何々をしてやった〟という恩きせがましい行動しかとれないのである。

他人から頼まれてやったことは〝してやった〟ということによって何かを感じることができる。

しかし、自分から一人でやったことは何か決定的なものが欠けているのである。だからこそ、弱い立場の妻子に何かを頼ませて、そのうえで〝やってやる〟ことになる。そうすれば同じことを行っても、決定的な何かが欠けているという空虚感を味わわなくてすむ。すぐに不機嫌になる人は、何をするにも行動の動機づけを自分自身の中に求めることができない。

何かをやって困難があると、その困難にみあう他人の反応を必要とする。そして、えてしてその反応を弱い立場のものに求めがちである。だからこそ、自我の弱い未成熟な父親のもとに育った子供は、自立性を獲得することが困難なのである。

たえず親の顔色をうかがう子供

今まで述べたことでわかるように、このように不機嫌な親を持った子供は、内面のあり方から些細な行動の仕方にいたるまで、あらゆることが、自分の父親の機嫌をそこねることを感じとる。しかも、その父親は自分の生殺与奪の権を握っている。

自分の些細な行動が予期しない父親の不機嫌さを引き出すことを知った子供は、もはや自分の中にある自然なものを発展させることができなくなる。たえず自分の言動をチェックし、父親の機嫌をそこねないように用心深く行動するようになる。

子供にとって悲劇は、行動の自然性の喪失である。あらゆる安定した日常性の喪失である。つまり、どのように日常的なことであっても、ほんのちょっとした気のゆるみから態度がぞんざいにでもなれば、たちまち父親は不機嫌になってくる。

子供は自分の内面の欲求から、些細な言動にいたるまで、全神経を集中して自分を検閲しなければならなくなる。なにもかもが不自然になり意識的になる。

同時に、子供は自分のうちに自発性を発展させることはできなくなる。自発的に自分のために何かをするなどというぜいたくは許されない。

まずしなければならないことは、自分の父親を喜ばすことである。自分の生存の生殺与奪の権を握る父親が、自分で自分を支えられないでいるのである。

子供が意識してまずはじめることは、父親のできることを、頼むことである。そして感謝の念を大袈裟に、しかも上手に示すことである。大袈裟にやりながらも、決して大袈裟であることを悟らせないように、細心の注意をはらって感謝の念を示す。

子供は自然に存在しているところの自分を信頼できなくなる。自然に存在しているところの自分を信頼できてはじめて自発性も生まれてこよう。自然な行為のくり返しから生まれる自明性もまた、子供は獲得することができない。

すぐに不機嫌になるほど弱い自我の持ち主というのは、たえず他人から生きている感じを与えられなければならない。その感じを失うと不機嫌になるのである。

そのような弱い自我の持ち主と共に生活している子供は、たえず父親の不機嫌の脅威にさらされている。

いつ「旅行に連れていって下さい」といい出すべきか、そのタイミングを常にうかがっていなければならない。父親が家に帰ってきた時、どう行動したらよいのか、何をいったらよいのか、たえず準備をしていなければならない。

父親が家の仕事をはじめたら、何をおいてもすっとんでいって手伝わなければいけない。しかも「こんなことにも気がつかなくてスイマセン」とあやまらなければならない。仕事が終われば、「住みやすくなって、ありがとうございます」といわなければならない。

たえず父親に、自分は皆のために生きているという実感を持たせなければならない。その実感こそが不機嫌が噴出してくるのをふせぐ感情だからである。

実は父親が生きる実感を持つために子供が犠牲になっているのであるが、それが表面にはまったく逆になって表れていることが必要なのである。父親は家族のために自分が犠牲になっていると感じることで、自分の生存を確かめているのである。

生きることだけで疲れる人間

子供はこのように不機嫌な父親の犠牲になった時、自発性の欠如、自立性の欠如、自然性の欠如をきたす。そして子供にとってこの世の中で自明なことがなくなる。

かくて子供もまたもろい基盤しか持てないことになる。もろい生の基盤しか持てないということは、生きることだけで、疲れてしまうような存在をいう。

他人と会うと、少しの時間だけでも疲れてしまう。何事もしないのに消耗したような感じにおそわれる。生きること全体に限りない疲労感を持ってしまう。それは自我の基盤が強固である人が何気なくやりすごしてしまうことすらも、いちいち重荷に感じるからである。

ただ人と会っているだけのことでさえ重荷に感じる人がいる。それは自分を根本で支えている基盤がもろいからである。

自我の基盤の強固な人にとっては、べつにあることをやろうと努力するのではなく、生きている自然の流れの中で処理されていってしまうことすら、自我の基盤のもろい人はたいへんな重荷を感じ、面倒くさくなる。あげくの果ては、やろうと意志することだけで疲れてしまう。

基盤の強い人が、やろうと意志するのではなく、生きている流れの中でことさら意識することなく処理することが、基盤の弱い人は意識し、努力しないとできないのである。

基盤が強いというのは、その人が自明なことを持っているということである。自明なこととは、ある登山家が「そこに山があるから」と答えたようなことである。

「なぜ山に登るのですか?」ということは、登山が自明ではないから出る質問である。しかし「そこに山があるから」という答えは、登山が自明になった人の答えである。

そのような自明性こそが、実はわれわれの生をきっぱりと支えているものなのではなかろうか。

基盤の強固な人は、べつにやろうとしなくてもできてしまうことがある。しかし基盤の弱い人は、そのようなことでも意識し、努力しないとできない。したがって疲れやすい。

人に会って、何か中心に力がなく、頼りないという印象を与える人もいる。また逆に、何か迫力のある人もいる。それは、その人の生を支えている基盤の強弱によるのではなかろうか。

他人と気まずくなるのを避ける心理

今の若い人がよく自分を出して他人と気まずくなるよりも、相手に合わせていたほうが気が楽だ、という。

気まずさを避ける、いさかいを避ける、それを第一にしている人によく出会う。しかし、これも自我の基盤が脆弱であることを示しているのではなかろうか。

何かをいい、何かを行動する時に、その言動を決定する中枢に自信がないのではなかろうか。だから、他人とずれてしまうことを恐れるし、ずれてしまった気まずさに耐えられない。気まずさとは、何か自分と他人の感情の位置が微妙にずれてしまった時の気分であろう。

気まずさは、自分と他人の感情の位置が明確である時にはおきてこない。自分の言動の正当性について確信がある時、気まずさは出てこないのではなかろうか。気まずさとは、同調でも対立でもなく、微妙なズレである。

内気と自我の基盤の脆弱さとも異なる。内気でも自信のある人はいる。内気な人が疲れやすいということもない。

内気な人で、人前に出ると疲れるという人はいる。しかし、それは内気故に疲れたというのではない。

ある分裂病（現・統合失調症）患者が自信のことを聞かれて、次のようにいったという。

「どっちみちありません。でも、そんなことではないんです。人からはきっと、すこし内気だと思われているでしょう。でもそれは自然な内気さをもっとずっと強めるような、もうひとつの故障のためなんです」（W・ブランケブルク著、木村敏他訳『自明性の喪失』より）

つまり、この「もうひとつの故障」と患者がいっていることが自我の基盤の脆弱さなのである。

内気な人間は内気でありながらも、自然な安心感を持っていたりする。自我の基盤の脆弱な人は、内気であれ、外向的であれ、何をしていてもそこに気楽さや安心感を持つことができない。他人と微妙にずれてしまうことを恐れて緊張しているからである。

そして、その緊張が嫌だといって世界から引き退いてしまったのが、今の若い人たちなのではなかろうか。

人間は自分をあざむくことはできない

不機嫌な親を持った子供の悲劇について述べてきたが、最後に、親による子供の操作について少し考えてみたい。

親が子に期待をかけ、子がそれに反抗する。そんな場合は問題ない。問題ないというより子の成長にとって好ましいというべきであろう。

子供の成長にとって、困るのは、親が子を操作してしまう時である。つまりまだ何も自分がわからない子を、心理的に操作して、子自身が「薬剤師になりたい」と思い込ませてしまうとか、「僕はサラリーマンになりたい」と思い込ませてしまうとかいう場合が、最も子に不幸な場合である。

たとえば小さい女の子にむかって、親が女の一生の幸せは結婚だと思い込ませるべく、結婚しない女はどんなに不幸になってしまうかという例を次々に聞かせ、画家になろうとした女が一生不幸であった例を、小さい頃から聞かせ、いつの間にか親の期待を子に内面化させてしまうような場合、子は成長してから不幸になるケースが多い。

子の反抗期をずらすようにして、親がうまく情報を与えていくと、子はそれが親の期待であるにもかかわらず、まるで自分の望みであるかのごとくに錯覚する。子は自分が本当には何を望んでいるかがわからなくなってしまう。子は親の期待に負けて、一時期自分がわからなくなってしまう。

そしてある人は自分は薬剤師になるのが一番いいのだと思い、ある人は平凡な結婚をするのが一番いいと思う。

しかし人間というのは最後まで自分をあざむくことはできない。いつか本当の自分に気づいてしまう時がある。

教育ママや教育パパは、いつか彼らが予想もしていない時に突如として、育てた子から恨まれることがあるに違いない。

その時彼らは自分がどうして恨まれるかということがわからずに、とまどうことだろう。

子が成長し、自分が親のペットであったことに気がつく時がある。それは十代であるか二十代であるか三十代であるか、あるいは五十代であるかもしれない。

人生の二つの危機を乗り切るために

たとえば人間はある日ふと緑の美しさに、心の底から胸うたれる時があるだろう。ある人は、それが事業が失敗して絶望して道を歩いている時かもしれない。ある人は恋人と別れて悲嘆にくれて旅に出た時かもしれない。ある人は親しい人の死に接した時かもしれない。そんな時、水の音の美しさに、風のリズムに、海の潮音に、それらに接してほっとすることもあるだろう。

そしてその時までの自分の人生で、これほどまでに素晴らしい海の潮音に耳をかたむけたことがあるだろうか、と思うだろう。

今までもこの海の潮音はあった。垣根の花は咲いていた。道ばたで無邪気に遊んでいた可愛い子供はいた。お互いにかばいあって生きてきた隣人たちがいた。しかし、それをしみじみと感じたことが一度だってあったろうか、とその人は思う。その時、自分の今までの人生の貧しさを彼らは知るにちがいない。

こんなにまでかたよった価値観をうえつけた自分の親に対する憎しみを、その時はじめて感じるに違いない。

小学校以来、ただひとつの価値観を教え込まれて生きてきた自分。塾に通い、少しでもいい高校へ、そして少しでもいい大学から、少しでもいい企業へと、追いたてられてきた自分。そしてそんな貧しい自分であったからこそ、人間関係もギスギスしていたのではなかったか、と気づいた時、今までの自分の人生の貧しさに驚くに違いない。

そしてそれほどまでに自分の人生を貧しくしたのは一体誰か、その時子は親を憎む。

もちろんこの逆のケースもある。

一切の競争を否定し、こんな世で出世するのはくだらないのだ、馬鹿なのだ、卑しい人間なのだと徹底的に教育されて育った子も、また、いつの日か親を恨むに違いない。

まえにも触れたが、最低の父親は子に感謝を要求する父親だという。また最低の母親は子に「ママのこと好き？」と聞く母親だという。

どういうことかというと、精神的に自立していない親、精神的に一人立ちしていない親が最低の親であるということである。

人生には二つの危機がある。

ひとつは自分が親から精神的に離乳していく時、もうひとつは自分の子が自分から離れていく時である。そして第一の危機をきちんと乗り切っていない人は、第二の危機に耐えられない。

われわれは、自分が親からキチンと精神的離乳をとげているか、自分に問うてみることと、そして自分の親は、自分が離れていくことをどう見ているかを観察することである。

第 II 章

自分を掘り下げる

自分を好きになる行動・自分を嫌いになる行動

いまのやり方を一度変えてみる

何もしないところから生産的な生き方は生まれない

神経質な人は物事を深刻に考えすぎている

神経質な人、ノイローゼ気味の人というのは、えてして人生を難しく難しくしてしまう。

よく〝ありのままでいい〟ということがいわれる。その〝ありのままでいい〟ということは、それほど生きることを難しくしてしまうな、ということであろう。生きることをこねくりまわしてしまう〟人がいるが、〝ありのままでいい〟ということは、生きることを無理してこねくりまわして難しくしないで、やさしくしろ、ということであろう。

生きにくい人というのは、生きることを難しくしてしまう。生きやすい人というのは、生きることをやさしくやさしくしようとする。

ありのままでいい、無理をするな、というと、それでは人間努力する必要はないのか、とかいう疑問も出てこよう。あるいは、人生はいずれ困難とも出会うし、忍耐も必要ではないのか、と反論もあろう。

たしかに、その通りである。僕は努力も忍耐も否定するつもりはない。

生きることをこねくりまわして難しくしてしまう、ということは、力を入れる必要のないところで力を入れてしまう、ということである。また、怖れる必要のないところで怖れてしまう、ということである。

やさしくやさしく、ということは、何ものんべんだらりと怠惰であってよいというのではない。

たとえば、リラックスしたほうが声もよく出るし、運動もよくできる。緊張すれば歌もスポーツも駄目になる。だからといって、怠惰なのが声を出すのに一番よいわけではない。

力を抜くところでは力を抜き、力を入れるところでは力を入れることが必要である、と主張しているにすぎない。

ありのまま、自然のまま、とらわれるな、ということは、自然の法則にさからってはいけないということであり、逆に自然の法則を利用して自分の目的を実現するということにすぎない。

ある神経質な人で便秘がちな人がいた。旅に出るとすぐに便秘になってしまうらしい。そこで一人で旅に出るということはあまりなかったらしいが、大学のゼミの合宿などは、行かないわけにいかない。

彼は夜になると、また駄目だろうと思いながらトイレに行く。朝になると、やはり駄目だろうという期待不安を持ってトイレに行く。そして悲観して部屋に帰ってくる。

ところがある朝、また駄目だろうと期待不安を持ち、重い気持ちでトイレに入っていたら、隣のトイレに別の学生が入ってきた。

隣のトイレなので様子がわかる。すると、彼は口笛を吹きながらトイレに入ってきて、あっという間に用をすませて、またカラコロとゲタの音をたてて口笛吹いて出ていったという。

そこでこの神経質な学生は、用を足すというのは、こんなに、なんでもないことなのか、と愕然としたという。

この神経質な学生にしてみれば、それまでは実は用を足すということは、もう重く苦しい大変な難事業だったのである。

生きることをこねくりまわして難しくしてしまうというのは、このようなことである。もともと大変なことではないのに、自分が一人で大変なことにしてしまっていることが、われわれの人生にはたくさんある。

生活の仕方を具体的に変えてみる

神経質でノイローゼ気味の人というのは、えてして基本的な生きる態度を変えようとしないで、理屈だけで病を治そうとする。

たとえば不眠症の人も、「眠れなくてもいいや」と考えることで、気を楽にして眠ろうとしたりする。たしかに眠れない時、眠ろうと焦れば焦るほどよけい眠れないということは、多くの人が体験している。

しかし、だからといって「眠れなければ眠れないでいいや」と思えば、それだけで眠りつけるものでもない。もしこう思うことだけで眠りつけるならば、不眠症の人などいなくなってしまう。

たとえば、その日一日、神経をすりへらす仕事をして、神経が消耗しているが、また興奮もしている。しかし、とにかくその日一日は神経をすりへらしながらも、仕事のほうは大きな成果をあげたとする。二日分、三日分の仕事を一日ですませてしまったとする。そんな日の夜、「あーあ、今日はこんなに仕事をしたのだから、神経が異常にたかぶっている。一晩ぐらい眠れなくても、仕方がないや」と思ったとする。これは自分の意志で思ったのではなく、本当にそう納得しているわけである。

このような一日があってはじめて、「眠れなければ眠れなくていいや」と自然と思えるのであり、そうすればまた眠りつけもするのである。

それを一日、仕事も運動も何もしないで、ただ黙って自分の体の調子のことばかりに気をとられていて、周囲への関心も失って生きていて、夜になって、「眠れなければ眠れないでいいや」と思おうとすることで眠ろうとすれば、それは無理であろう。

生活そのものを正していくことなくして、小手先でこねくりまわしても、いよいよ不自然になってしまう。

自然でいようとすることは、すでに自然ではない。考え方だけによって悩みを根本的に解消することはできない。

ある自分の考え方の不自然さに気がつき、より生きやすい考え方に変更し、それを現実の行動に移していくなかで、はじめて悩みも根本的に解消されるのであろう。

たとえば、神経質の人はよくこぼす。皆が自分のことを理解してくれないとか、友達は冷たいとか、次から次へとこぼす。他人からの理解は求めても、他人への理解は示さないのが自己中心的な人、神経質な人、情緒的未成熟の人の常である。

これらの人は、こぼしながら、こぼすことで悩みが解決するとでも感じているのであろうか。それとも、とにかく、こぼさずにいられなくてこぼしているのだろうか。おそらく両方であろう。

具体的な生活の変更、具体的な行動の変化なしに、悩みを解消しようとするから、さきにいったように人生をこねくりまわして難しくしてしまうのである。

朝ジョギングをはじめるのもよし、囲碁をならいはじめるのもよいだろう。そして碁の仲間をつくっていくことのなかで、悩みが解消していくものであろう。

生活を具体的に変更すれば、一体自分は、かつて何であんなにグチをこぼしていたのだろうと不思議になるに違いない。

そして、実は客観的にみれば、そんなにグチをこぼす理由などなかったのだ、と気づくであろう。

何もしないから調子が悪くなる

ある神経質の人が、取り越し苦労をしているとする。その時、その人にむかって、「取り越し苦労をやめろ」といってみたところで、その人は取り越し苦労をやめられるものではない。それでやめられるくらいなら、とっくにやめている。

人間は、意志の力で心配をやめられるものではない。心配するな、といわれれば、その人はなぜ心配をやめられないか、という理屈を考えだしてしまう。そうすると、いよいよ何でもないことが複雑になってしまう。それが生きることを難しく難しくしていってしまうということである。

ウロタエている人に、ウロタエるな！　といえば、いよいよウロタエる場合があろう。そうすれば、その人は不愉快である。すると、やはり、なぜ俺はウロタエなければならないか、という理屈を考え出してくる。

神経質な人は、えてして、自分一人が苦しい、自分ほど苦しい人はいないと考えがちである。そんな人がウロタエていて、ウロタエるな！　といわれれば、いよいよ自分の弁護をはじめて、もともと何でもないことが二重三重に複雑になってしまう。

あげくの果てに〝そのまま〟でいい、などといわれれば、今度は自分の今の態度がいかに〝そのまま〟〝ありのまま〟であるかの説明をしはじめることになろう。

そして、そのへ理屈を聞くのが嫌だという人にむかって、〝あなたは冷たい〟ということになる。

人生を難しく難しくしないで、やさしくやさしくする、ということは、行動を具体的に変える、生活の構造を実際に変える、ということである。

ノイローゼ気味の人は、よく体の調子が悪いから何かをしないという。しかし、むしろ何もしないから、調子が悪くなるのではなかろうか。

八月のある暑い日、僕はある地方の山村に講演に行った。駅にむかえにきてくれた車に乗って三十分、講演会場に着いた。

駅からその講演会場までは、水のきれいな川が流れる野原がつづいていた。

ところが、ふと気がついてみると、そこに子供が遊んでいるのが全然見えない。

「子供はどこにいるのですか？」と案内の人にきいたら「みんな冷房のきいた部屋でテレビを見ていますよ」という。

「そういえば」と、また去年の夏のある地方への講演の時を思いだした。中央線のある駅でバッタリとある出版社の営業の人に会った。営業の人は地方の書店まわりをしているのだった。

そして「まったく、こんな素晴らしい山と川のあるところで、今の中学生や高校生は何をしているんだろうねえ」とヤケクソ気味にいった。

書店では、今の若い人はまともな本を読まなくなったためか、良書をなかなかおいてくれないというのである。

その営業の人がいうには、本を読まなくても、まだ「この素晴らしい自然の中で遊んでくれているのならいい、それが家の中でゴロゴロと受験勉強ですからね」と嘆いていた。

いずれにしろ、最近の青少年の元気のなさは、ちょっと信じがたいほどである。教育評論家にたしかめてみると、山野で遊ばないのはまさに全国的な傾向だという。

人間が解放されるということとは？

都会にいると、子供が野外で遊ばないのは遊ぶ場がないからだ、とわれわれは考えがちである。たしかに都会の道路は車で危険で子供が遊ぶのに適したところではない。そうすると、子供が冷房のきいた部屋でテレビを見ているのを、場所がないからだと考えたくなる。

そうした点があることは否定できないが、それでは遊び場が与えられればその冷房のきいた部屋にいる子供は夏の炎天下にとびだしていくだろうか。

もはや今の子供たちは三十度をこす炎天下で、ギラギラとした太陽の光も忘れて遊ぶ意欲がなくなっているのではなかろうか。

この時再びそんな子供にしてしまったのは環境が悪いと、すべてを環境のせいにしてしまえばことは簡単であるが、必ずしも正しくはないだろう。都会にいたって、やる気のある子はやはりやる気がある。

ところで、子供は遊ぶ意欲があるから遊ぶのだろうか。確かにそうである。しかしまた逆も正しい。遊ぶからこそ遊ぶ意欲が湧いてくるのである。遊んでいるうちに遊びの面白さがわかってきて、暗くなるまで夢中で遊ぶようになるのであろう。

遊ぶ意欲がないから遊ばないというのでは、いつになっても遊ぶ意欲は出てこないだろう。そして遊ぶ意欲が旺盛になってくれれば、今度は暑いなどということはその意欲のまえに吹っとんでしまう。

三十度をこす暑い真夏のさかりに野外でとびはねて泥んこになり、汗をダラダラ流して夕方になり、風呂にでも入れば、実に快適であろう。汗を流したからこそ快適なのである。汗をかかないではその快適さは味わえない。冷房のある部屋にいては決して味わえない爽快な気分である。

暑いからこそ外に出て遊んで楽しいのである。照りつける太陽の下で汗を流してこそ爽快な気分になれるのである。

旺盛な意欲は、大いなる爽快さにつらなっていく。それは厳寒な雪の中でスキーをして遊ぶ時でも同じである。

ある冬、アメリカのニューハンプシャーに出かけていった。ものすごく寒かった。手がちぎれそうである。それなのに二歳になる子供が、子供用のスキーをつけて遊びだしたら、面白くて、もうどうしても家の中に入らない。

元気な子供にとって寒さはない。その寒いなかで雪だるまをつくる子供は、家に入ってポカポカしてやはり爽快な気分になるだろう。それは夏の冷房のある部屋にいて、なんとなく不快な暑さとはまったく異なるさわやかなポカポカである。

暑い夏は暑い夏だからこそさわやかになり、寒くなれば寒い冬だからこそ爽快になれるような生き方、それが人間の解放でもあろう。夏暑いから冷房、寒いから暖房、これのみが人間の解放の場ではない。

悪い環境からよい環境を与えて人間を解放するというが、それでは一体よい環境とはどういう環境か、ということについてはそう簡単な問題ではない。

まず自分を尊敬すること

生活の仕方を具体的に変えるためには自分を尊敬することである。

生活の仕方を具体的に変えるということは、考えているほどやさしいことではない。今まで図書館を使わずに自分の本を買っていた人は、図書館を使うようにしてみるとか、今まで会社が終わってまっすぐ家に帰っていた人は映画を見てみるとか、友達をさそって一杯やって帰るとか、逆にいつも寄り路していた人は、まっすぐ帰ってステレオを一人で聞いてみるとか、することであろう。

今まで暇だった人は、とにかく家の中をぐるぐるまわったり、下宿の部屋をみわたして自分のできることをひとつひとつノートに書き出してみるとよい。

台所の戸のガタガタをなおすこと、電球のカサを洗うこと、窓ガラスを拭くこと、思い切って机を移動してみること、何でもよいからノートに書き出していくと、十やそこらは出てくる。同じことを近所でも会社でもやってみて、とにかく自分を忙しくしておくことである。

神経質で悩んでいる人にとって最良の薬は忙しくしていることである。「ありのままでいいのだ」と自分にいいきかせている間に、近所の子供に野球を教えてやることが治療になろう。休日は、とにかく家にいないで一日中歩きまわっているということに決めてもよい。

ところで、さきに述べたように、自分の生活を具体的に変えるためには自分を尊敬することである。そして生活を具体的に変えることで自分を尊敬できるようにもなる。

生活を具体的に変える
→　←
自分を尊敬する

生活を具体的に変えることと自分を尊敬することは、相互に刺激しあい、好結果をもたらす。

自我防衛の強い人というのは生活を変える、自分を発展させる、目標にむかって進んでいく、というよりも、どちらかといえば自分のいる場所を動かずにそこを守ることに必死になっている。自分を信頼できないからである。

生産的な生き方・非生産的な生き方

よく生産的に生きる、とかまえむきに生きるとかいうが、生産的、まえむきとはどういうことであろうか。僕は生産的ということを、自分の側に動きがある、と理解している。

たとえば、上役についてブツブツいっているサラリーマンを例にとってみよう。生産的に生きるということは、自分が上役への態度を変えてみるということである。自分の上役への非好意的態度を変えないでおいて上役の態度の変わることをいつまでも待っているサラリーマンは非生産的生き方ということである。自分を決して変えようとしないで、周囲の世界に不平たらたらの人間がいる。そういう人の生き方が非生産的生き方である。

自分の上役への態度が変われば、その変化に上役が反応するかも知れないし、また自分が上役を誤解していたことに気がつくかも知れない。そのように自分を変えられる人は、自分を尊敬し、自分を信頼している人である。劣等感の強い人は自分をなかなか変えられない。

自分を変えられないで相手を非難ばかりしている人は、これまた自分を変えないで相手を非難することで一体、自分にどんなプラスがあったか、ノートに書いてみることである。

ペンを持ったまま書くことがないという人が多いだろう。書くということは事態をはっきりさせるのに役だつ。

あの上役は人間ができていないとか、あの先生は実力がないとか、現実に直面することを避けることは一時的に楽でも、長期的にはより自分の感情を不安定にする。

大切なことは、現実に直面すること。そして次に自分を尊敬することである。

同僚の出世を、「あいつはゴマすりだ」といって現実に直面することを回避すれば、その場の気持ちはおさまっても、自分の長い人生を重く暗くしてしまうだけである。なぜなら、そのように現実に直面することで同時に自分が変わる機会を失ってしまうことになるからである。

現実に直面することは、その中で自分を尊敬し信頼していくことである。ということは、その現実の中で自分が具体的に行動できるということである。

自分を尊敬し、信頼する者は、直面した現実の中で絶望することはない。必ず自分の行動の仕方を見つけていくものである。同僚の出世を「あいつの実力はたいしたものだ」と受け入れられてこそ、「よーし俺も」と自分のエネルギーも湧いてくるのである。

現実に直面すること⇅エネルギッシュであること

現実に直面することなく自分のエネルギーを解放する方法はない。

神経質でノイローゼになる人は、もともとエネルギーのない人なのではなく、現実に直面することを避けるから、自分のエネルギーが解放されないのである。

現実に直面することでその人のエネルギーは解放され、また逆にエネルギッシュになることで、さらに現実に直面する勇気が出てくる。この二つは相互に関係しあい刺激しあう。

〝決めつけ思考〟をやめよう

ノイローゼになる人は現実をあるがままに受け入れられないで、自分にとって都合のよい現実だけを望むから、ノイローゼになってしまうのである。

現実は、いいも悪いもなく現実なのである。自分の友人の親が社長であるということは、いいとか悪いとかいう前に、とにかく現実なのである。その友人がまた、頭がよくて努力家であるということも現実なら仕方ない。

ノイローゼになるタイプは、この現実を受け入れられなくて妬《ねた》む。妬んでいるだけで、自分が変わることは拒否する。

生産的人間というのは、彼は頭がよくて努力家だ、でもそれは自分とは関係のないことだと思える人である。そして、そう現実を素直に受け入れることで、その人のエネルギーは解放されて活動的になる。

非生産的人間はノイローゼになりやすい。

ノイローゼになりやすい人間の第一の特徴は、変わることを拒否することであったが、それが裏がえされて、何事でも決めてかかろうとする。

「あいつはそういう人間だよ」と決めてかかる。「世の中なんて不公平なものさ」と決めてかかる。時には「俺はダメだ」と決めてかかる。

自分も変わるし他人も変わる、世の中も変わる、彼はそのように世界を見られない。

自分は過去の自分ではなく、現在の自分である。自分はかつて失敗したかも知れない、しかし今度失敗するとは限らない。自分はできない、と決めてかかっている人がいる。しかし、自分はできないという証拠がどこにあるのだろうか。よく考えてみればどこにもない。ただ自分で勝手にそう決め込んでいるだけである。

自分はできないといっていたほうが楽だから、そういっているだけではなかろうか。甘えである。

何かについて自分は〝できない〟と思った時、その証拠を例によってノートに書いてみることである。

何もないことに気がつくであろう。現在の自分は過去の自分ではないのである。子供の頃、サンタクロースがくると信じていたのと同じことである。証拠はない。

自分はできないといっているほうが、当面の居心地がいいだけであろう。サンタクロースがくると信じることが非合理的だと気づいた時のように、自分についての非合理的なイメージを捨てることである。

自分が変わることを拒否する人間は、世の中の解釈についても形式的で柔軟さを欠く。そして、その結果として、いつも失望している。誰かが自分を失望させているわけでもない、自分で自分を失望させているだけである。

強い自分をつくるには

〝嫌な感情〟を抑えようとするからますます嫌になる

いかに行動するか――ある不愉快な体験から

われわれにとって大切なのは、いかに行動するか、ということである。

たとえば、昨年僕はあるラジオの討論番組に出た。出演依頼の時には〝教育論を斬る〟というタイトルで某大学の某助教授と某評論家と話しあってくれということであった。それから出演依頼書が封書で来た。それにもタイトルは〝教育論を斬る〟というように書かれていた。

僕は当然、そのようなテーマで話しあわれるものと思ってスタジオに入った。ところが番組がはじまって、あっと驚いた。某助教授は、僕の書いた『若者の思想と行動』という本を持ち出した。その本は赤線がびっしり引かれていた。

この本は六〇年代の最後に、毎日新聞の記者と若者を取材しながら「サンデー毎日」に連載したものである。ラジオ出演が一九六九年だから、僕が書いてからすでに十年たっている。

驚くなかれ、その本の注まで赤線が引いてあって、「この文はなってない」とか、「革命は人を動かすことだ」と書いてあるが、「革命は人を殺すことだ」とか、わけのわからぬことをヒステリーのようにわめき出したかと思うと、僕の本は読むな、とラジオの視聴者にむかって叫び出した。

それはまさにヒステリーであった。すべてが仕組まれていたのである。まさか、と思うほど仕組まれていた。出演者とディレクターの打ちあわせができていた。僕は、人の家に招待されて、時間通り玄関にいったら、いきなり後ろからカナヅチでなぐられたみたいだった。

そしてなんと、あっけにとられていると、その番組の最後には、これほど正面から堂々と討論できた番組は日本にはめずらしい、というような主旨のことをいっていた。番組が終わっても、出演者は笑って得意気に、このような正々堂々たる議論を日本でもしなければいけない、としゃべっているのを聞いて、ウンザリして不快になってラジオ局を出た。

僕にしてみれば、これほど卑怯な討論などしたことはない。闇のなかで、相手が刀を持っていないのをたしかめて、後ろから切りつけてきたようなものである。それで正々堂々といっているのだから、こちらにしては不快きわまりない。

ウソをついて僕を番組におびきだしたそのディレクターと某助教授を、僕は憎いと思った。卑怯と思った。

そう思いながらも、僕は次の約束に行き用事をすませて、ゴルフの練習所にいって球を思い切り打ち、汗をビッショリかいて帰ってきた。風呂に入って書斎に入り勉強した。夜遅くまで本を読み夜中に寝た。そして翌日である。不愉快さはなくなっていた。卑怯だ、憎いという感情からだんだんと、あの番組は馬鹿馬鹿しい、どうでもいいことのように思えてきた。

マイナスの感情を抑える必要はない

つまり、僕がいいたいのは、このような不愉快な事件にあった時、何通りかの反応の仕方があるということである。

ひとつは復讐してやろうと行動をはじめることである。しかし、憎しみにもとづいた行動は憎しみを増すだけである。もしそうしていたら、僕は一日一日とその卑怯な某助教授に憎しみを増していたろう。

次の方法は大物ぶることである。何の不愉快な感情も味わわなかったふりをすることである。もちろん、自分にも他人にもそのようなふりをすることである。汝の敵を愛せよ、ぐらいに聖者のような顔を自分にも他人にもすることである。

しかしこの方法は好ましくない。というのは、現実の僕はそのような大物ではない。現実の僕は、不意打ちを卑怯だと感じたのである。あげくの果てに、日本には珍しい正面からの討論番組といったのを聞いて、僕はその卑怯な人々に憎しみを持った。

それにもかかわらず、僕が憎しみなど持たなかったように自分にも他人にも〝ふり〟をしたら、その憎しみは心の中で抑圧されて僕の人格を歪める方向に働くだろう。

ではどうすればいいか、それが第三の、現に僕がとった方法である。憎しみを持ちながらも、現実の行動を決してその憎しみに動機づけられたものにはしないことである。僕はその日の予定の行動をして、憎しみにとらわれないようにスポーツをし、汗を流した。書斎に入って研究をした。憎しみを持ちながら、現実の行動は憎しみとは無関係な行動をとりつづけたのである。

もちろん、憎しみなどと大袈裟なものでなく不愉快程度のものであったから、一日もたてば忘れ去って、どうでもいいことのように思えてきたのであろう。

僕が主張したいのは、マイナスの感情を持つな！　ということではない。マイナスの感情に動機づけられた行動をするな、ということである。

マイナスの感情を持つまいとすると、それは抑圧されて、素直でない性質になる。人間は誰だって他人から悪口をいわれたり、公《おおやけ》に侮辱されれば面白くない。そんな時、口惜しいという感情を自分に否定する必要はない。あるいは、必死になって感情を操作して、その不快なことを忘れようとしても無理である。人間は意志の力でものを忘れることはできない。

忘れよう、忘れようとすれば、実はよけい口惜しくなってくる。なんとか感情を工夫して相手を許してやろうとしても無理である。

われわれは自分にマイナスの感情を持つことを否定してはならない。われわれが自分に禁止すべきは、そのマイナスの感情に動機づけられた行動をすることである。

友人に悪口をいわれて口惜しいといって、その友人の悪口を他所でいいふらせれば、よけいその友人が口惜しくなるだけである。友人に悪口をいわれて口惜しければ、口惜しいと思えばいい。しかし、他の友人と野球をやって汗を流せばいいのだし、好きな本を読めばいいのだし、毎日の予定の行動は会社であれ学校であれ、サボらずに通えばいいのである。

黙って座って、その恨みそのものを取り去ろう、忘れ去ろうとすれば、いよいよその恨みのとりこになる。いよいよ思考の視野は狭くなり、恨みにとらわれる。

失恋したらおいしいものを腹いっぱい食べろ

行動を通して感情をコントロールしようというのが、アメリカの心理学者、ウェインバーグの主張であるが、これは日本の森田理論と同じであろう。

実際は恨んでいるのに、恨んでないようなふりをしていると、いよいよ恨みがましくなる。つまり、恨んでいるという自分の感情から逃げているからである。恨みは恨みとして恨んでいればいい。しかし、他の領域での行動は辛くてもつづけることである。

たとえば、主婦なら辛くても平常通り夕方には買物に行き、夕食の準備をすることである。

それを「今日はもう口惜しくて駄目だ」というので、いつも出かけている買物にも行かず、あっちこっちに電話して口惜しい内容をしゃべりまくって、あげくの果てが、夕食は外に注文してしまう、などということをすれば、よけい腹が立ってくる。電話をかけてペラペラしゃべれば、その時はすっとするが、一日たてば電話をかける前以上に腹が立っている。

失恋した時にいいのは、とにかくおいしいものを腹いっぱい食べることである。それを恨みがましく家にこもってじっとしていると、復讐の鬼となってしまう。おいしいものを腹いっぱい食べることは、失恋とは関係ない。しかし、この関係ないことをすることが大切なのである。

失恋して他人の同情をかおうと、家の中でメソメソしている人がいる。こういう人は、メソメソしながらその苦痛からのがれようとしているのであろうが、苦痛は増してくるばかりである。苦痛に勝とう勝とうとしながらも、次第次第にやつれてきて、最後には骨と皮ばかりになってしまう、などということもある。つまり、その人はやつれて骨と皮ばかりになるように行動を選択したのである。

僕の知人のまた知人の女性が、離婚してアメリカに行き、苦心さんたんの末、料理屋をひらいた。離婚に際しては、双方に言い分は山ほどあったのであろう。しかしその女性は、じっと自分の言い分を我慢してアメリカに行ってしまった。おそらく、そこで「こんな新しい世界があったのか」と驚き、かつ気持ちが楽になったであろう。

彼女は新しい事業にとりくむなかで、すべての恨みつらみをも解消していったのである。

ところが、恨みをいいだして、かつまたそれに動機づけられて行動をはじめれば、泥仕合である。泥仕合をやっている人たちも、はじめから泥仕合をやるつもりではなかったのであろう。やっているうちに泥仕合になってしまったのである。

そして、いつの間にかあら探しだけの人生で終わってしまうこともある。黙ってその場を立ち去ることができるようになれば、自分は強くなった、と思ってもいい。

かかずらわなければ、かかずらわなくてすんだものを、自分の弱さ故にかかずらわってしまい、何でもないことを大事にしてしまうことがある。そして、お互いに傷つけあう。

しかし、自分の行動の仕方によっては誰も自分を傷つけることはできないのである。自分が傷つけられるように行動してしまうから、傷ついてしまうのである。自分の強さにもとづいて行動すれば、他人が自分を傷つけようと思っても自分は傷つくことはない。しかし自分の弱さにもとづいて行動すれば、他人が傷つけようとしなくても、傷ついてしまう。

上前淳一郎の『英雄たちへの挽歌』という本に巨人軍の捕手だった藤尾と森の話が出ている。

捕手のポジションからはずされ、スランプの藤尾にぶつけたマスコミの言葉は「藤尾は頭が悪い」だった。これによって彼は傷ついた。一緒にプレーしていた広岡は「彼はマスコミ公害にやられたんですよ」といっている。(同書六七頁)

同じ捕手の森も、マスコミからケチだ、一人いい子になろうとしているといわれた。彼もまた、マスコミ公害には泣かされながらも、そんなことで傷つかない強靭な精神を持っていた。

つまり、同じマスコミの非難に対して、片方は傷つき他方は傷つかない。それは、マスコミと自分との関係をどう見るか、という自分の見方によって決まってくるのである。

藤尾は自分とマスコミの関係を傷つくようにしているのであり、森は傷つかないように関係しているのである。マスコミそのものが傷つけるのではなく、マスコミと自分の関係が自分を傷つけるのである。

大切なのは自分で自分に責任を持つ姿勢

さて、最初の問題にもどって考えてみよう。僕はラジオの出演の一週間後、すっかりその助教授のことを忘れていることもできたし、また憎しみにとらわれていることもできたし、隠された憎悪で憂鬱な日々を送っていることもできた。

ということは、もし僕が怒っていたとすれば、僕は僕自身の態度、考え方によって僕を怒らせたということであろう。つまり三つの結果のどれを選ぶかは僕自身の問題なのである。

よく人は「あいつに怒らされた」とか「あいつに馬鹿にされた」とか「あいつのためにメチャメチャにされた」とかいうが、決してストレートにそうされたわけではない。最終的には自分が自分をメチャメチャにしたのである。自分が自分を馬鹿にしたのである。

つまり他人の行動はストレートに自分に影響を与えるものではない。他人の行動に対して自分がある特別の反応を示す。その自分の反応が自分の感情に影響を与えるのである。


他人の行動──→自分の反応──→自分への影響

千人の人間に「おまえは馬鹿だよ」といってみたら、千通りの反応が返ってこないだろうか。

笑いながら黙って無視する人から、ヒステリーのように怒って、その人を一生恨んで暮らす人までいるだろう。その「おまえは馬鹿だよ」という言葉で自分の一生を台無しにした人がいれば、それは自分で自分の一生を台無しにしたということである。

第一章で親の重大さについて書いたが、親がたとえどんな親でも、自分の現在の弱点をすべて親のせいにする人は、今述べたヒステリーの人と同じである。親に対してどう反応したかということは自分の問題であり、その反応が自分をかたちづくりつづけたのである。自分に対して自分が責任を持つ姿勢を欠く限り、ノイローゼもその一歩手前の無気力も治るまい。

劣等感は弱い自我から生まれる

ある奥さんが「主人とはもう話ができない」といって相談に来た。たとえば、奥さんが路を歩いていて主人に「あの家、素敵ね」というと、とたんに不機嫌になるという。奥さんにしてみれば、何で主人が不機嫌になるのだかわからない、というのである。そこで、主人と話をする時はたえずビクビクしているという。自分の奥さんと路を歩いていて「あの家、素敵ね」といわれた御主人にしてみれば、自分の劣等感を刺激されたのであろう。奥さんにしてみれば「あの家は素敵だ」ということ以外の何ものも表現していない。ところが御主人が、この言葉に反応して、自分で自分を苦しめ、かつ奥さんを苦しめたのである。

「あの家、素敵ね」という言葉をきいて、「そうだなあ」と一緒に感心する人もいるだろう。また別の人は「俺たちもあんな家に住んでみたいなあ」と奥さんにいうだろう。またある人は「そうか？」といっただけで何の反応も示さない人もいるだろう。頭の中は今の仕事の取り引きや数学の問題を解くことでいっぱいで家のことなどどうでもいいという人である。

同じ一つの言葉にその人それぞれの反応の仕方をする。そして今述べている奥さんの御主人は、自分の劣等感にもとづいた反応の仕方をして、自分で自分を不愉快にしていたのである。

そしてその御主人は奥さんに、「君といるといつも不愉快になる。俺を不愉快にさせることばかりいう」と怒る。そして自分の不機嫌を奥さんのせいにする。しかし、この御主人は決して奥さんによって不愉快にさせられているのではなくて、自分で自分を不愉快にしているのである。奥さんの言葉が直接自分を不快にするのではなくて、その言葉を自分流に解釈し、自分流に反応して自分を苦しめているだけである。

奥さんの言葉──→その解釈と反応──→自分への影響

奥さんの言葉がストレートに自分に影響を与えるわけではない

その奥さんの言葉を、その御主人が勝手に「こいつはこんな家に住みたがっているのだ。俺のつくった家では不満なのだ。俺がこんなに苦労しているのに感謝もしていない」などと解釈し、その解釈によって自分を苦しめているのである。奥さんの言葉そのものが自分を苦しめるのではなく、奥さんの言葉を自分が解釈し、その自分の解釈で自分が一人で勝手に苦しんでいるのである。

その言葉がどう自分に影響するかは、他人の問題ではなく自分の問題なのである。

この御主人はあげくの果てにいつも「君は世俗的すぎる」とか「君には正義感がない」とか奥さんを責め出すという。ここまでくれば、自分の劣等感を正義とか神聖なものへの価値とかいうことで合理化してしまっている。他人の言葉そのものにそんなに力があるわけではない。他人の言葉にそれだけの力を与えてしまったのは、ほかならぬ自分なのである。

この御主人は、奥さんと別れようが誰と別れようが、不愉快さからまぬがれることはできない。なぜなら、自分を不愉快にしているのは自分自身であって決して他人ではないからである。そして自分とは決して別れることができないから、誰と別れても不愉快な気持ちから脱出することはできない。実は「あの家、素敵ね」という言葉は、もともとその御主人とはまったく関係のない言葉なのである。まったく関係のない言葉に自分の存在全体がまき込まれている。

自我の基盤が脆弱な者は、自分とまったく関係のないことに巻き込まれてしまう。自我の基盤が強固である者は、自分に関係のあることと自分に関係のないこととの区別ができている。そしてそれぞれに違った反応の仕方をする。

劣等感というのは、自我の基盤がまるででき上がっていない人間の持つ感情である。

自我の基盤を強固にするために必要なことは、自分自身の世界を持つことである。したがって、どんなに出世しても、他人に見せるための世界しか持っていない者は劣等感を持つ。エリート・サラリーマンが劣等感から自殺するのはこのためであろう。

スランプを意識するほど落ちこんでいく

どうすれば新しい活路が開けていくのか

何のために勉強するのか

サラリーマンであれば自分が働く動機を反省してみる必要がある。学生であれば自分が勉強する動機を反省してみる必要がある。

今の大学生は一体何のために今まで勉強してきたのであろうか。

ある人々は、自分を立派そうに見せるためではなかろうか。自分を立派そうに見せる学問（?）をすればするほど、実は本当の自分はどこかにいってしまうのである。

本当の自分とは、ものごとに感動することのできる自分、張り切っている自分である。

そうした自分から学問することでどんどんと遠ざかってしまったのではないか。

「俺たちにとって、張り切っているってことはマンガなんだよな」といった学生がいる。

たしかに燃えている若者はマンガにしか登場しなくなったのだろう。燃えている人間を見て「あいつはマンガだよ」とその学生はいった。

僕はその学生に「君は自分が本当の自分から疎外されているとは思わない？」と聞いた。するとなんと「そんなことは全然思わない」と彼は答えた。

感動しないこと、燃えないこと、張り切っていないこと、それが人間の本質に思えてきている若者たちがいるようである。大学ぐらい卒業しなきゃ、と世間を気にしている間に、いつの間にか自分から自分を疎外してしまった若者たちである。

大学を卒業しようと思ったのは、世間から疎外されることを恐れたからであろう。大学を卒業しておいた方が世間の通りがいいと思ったからであろう。

しかし、彼らは社会から疎外されまいとしてとった行動によって、自分から自分を疎外してしまったのである。

働く女性たちが自分をかざるためにルイ・ヴィトンのハンドバッグを持つように、学生は学問を所有した。キザなサラリーマンがダンヒルのライターを持ち、ロレックスの腕時計を持つように、大学生は学問を「持った」。

働く女性がルイ・ヴィトンを持ち、それを他者に見せることのなかで自己を喪失していくように、大学生は学問をすることのなかで、自分を喪失した。

サラリーマンがダンヒルのライターとロレックスの腕時計を持ち、それを見せることのなかで自己喪失していくように、大学生は大学生であることによって自己喪失したのではなかろうか。

大学でする学問は、感動できる自分を回復するための学問であるにもかかわらず、より無感動な人間になるために大学に来ているような大学生がいる。

感動、それは行為の目的というより結果なのである。

新鮮な生活を望むなら

高校生が大学に入って、もし今までと何らかの点で違った新しい生活を望むならば、次のことは守ってもらわねばならない気がする。

まず、勉強をする動機が高校時代とは違うということである。もし高校時代に勉強していた動機と、同じ動機で大学でも勉強するなら、大学で学ぶことは決して新鮮なものにはなり得ない。

よく大学が高校の延長だといってガッカリする新入生がいる。しかしその人は気づいていないのである。大学に入って授業を受けて、それが高校の延長だと感じるのは、授業そのものの性質に原因があるのではなく、授業に臨む自分の態度や動機に原因があるということに。つまり、高校の延長だと感じさせているのは、大学よりも、自分自身なのである。

もちろん百%そうだとはいわない。しかし新入生は大学の授業の内容と同時に、なぜ自分はその授業を聞くのか、という自分の動機を反省してみなければならないであろう。

高校の時、自分はなぜ勉強したのか、なぜ受験勉強したのか。たとえば今、大学に落ちるのが怖いから受験勉強したと仮定しよう。

大学不合格への恐怖感で勉強した人が、大学に入ってくる。そしてもしその人が再び、試験前になって単位がとれないと大変だ、という恐怖感で勉強したとしよう。

留年することの恐怖感、卒業できないことの恐怖感、またそのおかげで就職できないことの恐怖感、それらの恐怖感に動機づけられて勉強したとしよう。その人は結果として、それらの恐怖感を強めているだけである。

この人は大学の授業で何を選択しても、そこに高校時代と違った何か新鮮なものを感じることは無理である。問題は学んでいる内容にあるのではなく、学んでいる動機にあるからである。

また高校時代、有名大学に合格して、クラスの友人に尊敬されたい、両親にほめられたいと思って勉強した人がいると仮定しよう。その人が幸いにも第一志望の大学に合格できて、再び、人々の尊敬をかち得たいという動機で勉強したとしよう。

この人は、自分の望む大学に入れて、自分の望むところで学べたとしても、大学で何か新鮮なものを感じることはできない。

この人はやはり、大学は高校の延長でつまらない、と感じるだろう。そう感じさせているのは、ほかならぬ自分自身なのだということに気がつかないで。

受験勉強が、なぜ自分が生きていくうえの指針を与えてくれなかったのか、と反省しないで、ただ大学で学べば、そこでの学問は自分が生きていく指針を支えてくれるだろうと期待しても無理である。

受験勉強が、自分の生きていく精神的糧《かて》を与えなかったといって、それを百%受験勉強そのものの性質に帰してしまう人は、やはり大学で何を学んでも、その学問から精神的糧を得ることはできないように思う。

受験勉強によって、自分の生きていく精神的糧を全然得られなかった人は、まず受験時代と同じ動機で行動することをやめることから出発しなければならない。

たとえば、人々に尊敬されたいという動機で勉強し、そして大学に入ってきた人は、まず人々に尊敬されたいという動機による行為をやめることである。

人々に尊敬されたいという動機で勉強すれば、その勉強の結果、その人はより人々の尊敬を精神的に必要とするようになってしまう。ノドが渇いて塩水を飲むようなものである。

そんな状態で、大学は高校と同じだった、などといっても、それは自分が悪い。他人に軽蔑されるという恐怖感で勉強すれば、その勉強の結果、その人はより他人の軽蔑が怖くなってくる。

恐怖に動機づけられた行動は、その恐怖感を強めるだけなのである。

人々の尊敬をかち得るためには、多くの知識を持っていることだと、受験時代も大学時代も同じように信じている人は、どこの大学に入っても、やはり、受験時代と同じような不安な気持ちからのがれることはできないであろう。また、そう信じて知識を得ても、その知識は自分の生きていく精神的糧とはならないはずである。

自らの〝動機〟を見つめなおす

早大が授業料値上げで紛争になった時、われわれは授業料の高いことに抗議しているのではない、人類の幸福に寄与する学問ができないことに抗議しているのだ、と主張した学生のグループがあった。

人類の幸福に寄与する学問ができるかできないかは、大学の責任であると同時に、学生一人一人の学問への動機づけの責任でもある。

他人に笑われないためにする学問、恥をかかないようにとするために学ぶ学問は、その内容が何であれ、その学問をしている人に、人類の幸福に寄与する学問をしているという実感は与えない。

何かふとしたことであることをし、それが他人の役に立って、自分の中に喜びを感じた人が、さらに大きなその種の喜びを求めて学問をした時、はじめて、今までと違った新鮮なものを学問の中に感じることができるのであろう。

「高校ぐらい出ておかなければ」ということで高校に行き、その延長上に「大学は出ていたほうが何かと世間的には……」ということで大学に来て、かつてと同じ動機で、授業に出て、今までと違った何かを求めても、それは無理であろう。

今までの勉強が自分に何の喜びも与えてくれなかったという人は、まず大学で、今までの勉強の動機を徹底的に明るみに出してみることが大切である。そして、そのような動機による行動をまずやめる以外には道はない。

虚栄心に従った行動は、その人をより虚栄的にするだけなのである。

自我防衛に動機づけられた勉強は、自分が生きていくうえにも、人類が生きていくうえにも役に立たない。

第一志望の大学に入れなかった人で、たえず言いわけをしている人——たとえば試験当日、風邪をひいて力を発揮できなかったとか——は、まず言いわけをやめる決心をしてから教室に入ることだろう。

今まで学問が自分に生きるための糧を与えてくれた、と思う人は今まで通りの学問の動機を大切にして大学に通えばいいのである。今まで学ぶ喜びを感じたという人は、今まで通りの動機を持って大学に通えばいいのである。

しかし、今まで勉強は苦痛でしかなかったと感じている人は、受験勉強から解放された今、徹底的に自己洞察をしてみる以外にはない。「大学なんてたいしたことない」とか

「大学なんかに何も期待していない」とか、生意気なことをいうまえに、まず自己洞察することが新入生には必要であろう。

なぜ自分は大学に来たのか、なぜ今まで辛いのに勉強してきたのか、自分に問いなおしてみることが学問への第一歩であろう。

「友達が大学に行くから」とか、「親に、大学に行かないといい出せなかったから」とか、いろいろあるだろう。

もし親に「大学に行かない」と怖くていい出せなかったから大学に来たのなら、そのことをまず自覚し、親から精神的離乳をしなければと努め、そのことを求めて教室に出ること以外に道はない。

親から、出来の悪いダメな子供と思われる恐怖感から出た行動と、親への愛情から出た行動とは、その行動そのものは同じでも、動機は決定的に違う。恐怖感に動機づけられた行動から、愛情に動機づけられた行動へ、自分を導くことができるかどうかがわれわれの別れ路のような気がする。

人々から尊敬されたいという欲求から出た行動、軽蔑されまいという恐怖感から出た行動と、人々への愛情から出た行動では、たとえその行動が同じでも、動機は決定的に違う。

前者はその行動によってその人をいよいよ恐怖感におとしいれ、後者は、いよいよその人に温かい安らぎの気持ちを与える。

受験時代から大学時代へ、それは恐怖に動機づけられた人間から、愛情に動機づけられた人間へと変化する時代でなければならない。

自ら変わろうとしない人間を、大学は変えることはできない。今までの勉強は辛いだけだったけれど、できればこれからは勉強を生き甲斐にしたいと本気で望む人間に、大学は学問する喜びを与えられる気がする。

なぜスランプにおちいるのか？

スランプなどというのも同じである。誰だって努力している者はスランプにおちいる時がある。野球の王選手にしてもスランプはある。問題は、そのスランプにどう反応するか、ということなのである。スランプそのものが問題であるというより、スランプになった時のその人のスランプに対する反応の仕方のほうが問題である。

スランプになって〝大変だ、大変だ〟と騒いでイライラする人もいる。そして、単なるスランプをイライラすることで大問題にして長びかせ、かつ悪化させてしまう人がいる。

しかし中には冷静に反応する人もいる。スランプなど誰にもあるものだと思い、スランプを冷静に受け入れ、スランプからくる弊害を最小限にくいとめる人もいる。

僕も学生時代、スランプに苦しんだことがある。どうしても勉強の能率が上がらないのである。いや能率が上がらないというよりも、だいたいにおいて勉強する気にならない。

夜になって机の上の電気スタンドに灯をつけてみても、どうしても本をひろげる気にならない。

勉強しなければ、勉強しなければ、と気持ちばかりがあせっても、どうしても自分の中に勉強への拒否反応がある。

勉強しなければ、という気持ちと、勉強したくないという気持ちが自分の心の中で葛藤して、とても不快な日を送った思い出がある。

おそらく誰でもそんな不快な思い出を持っているのだろう。

しかし今から考えると、ひとつ注意すべきことがある。というのは、そんなようにして勉強している時、いつもベストコンディションで勉強することを望んでいた。

そしていつでも想像上のベストコンディションの勉強と、その時の現実の勉強とを比べていた。想像上のありもしないベストコンディションと比べるというところまではいかなくても、かつて最もコンディションよく勉強できた時と、「今ここで勉強していること」と比べている。

それでもっと能率が上がるはずだ、もっと快適に勉強できるはずだ、「どうして今日は調子悪いのだろう?」と悩んでいた。

ところがよく考えてみればベストコンディションなどというものは、あるはずがない。たとえあっても、そういつもあるものではない。いつもないのが当たり前なのであって、ベストコンディションのほうがまれなことなのである。

男子バレーの監督だった松平康隆氏には僕も何度かお目にかかったことがある。大変男らしい爽快な方である。その松平氏の言葉であるが、「これだけのコンディションがそろっていればといういくつかの最低の条件、それさえ満たしておけば試合はできる」という。

優勝戦が近くなってくるにつれて、試合の間隔は短くなる。予選から準々決勝、準決勝へと進むにつれて、試合は毎日のようになり、最後には午前中に準決勝をして、午後には決勝などということもあるという。

そんな時、ベストコンディションなどといっていられるだろうか。

そこで先に書いたように「これだけのコンディションがそろっていればといういくつかの最低の条件、それさえ満たしておけば試合はできる」というようになるのだろう。

与えられた最低条件でも

右手が負傷で使えなければ百パーセントの条件ではない。しかし試合には左手だけでも出られるだろう。七時間眠らなければ眠りは足りない。睡眠不足ほど不快なことはないだろう。頭がボーッとして体が宙に浮いたようで、集中力がなくなって、なんとなくやりきれない感じになる。

しかし睡眠不足だから戦えないということはない。三時間だけの睡眠でも二時間は戦える。その与えられた最低の条件で戦うしかない。それができなければ脱落するしかない。

ベストコンディションのようなものがあると考え、それでなければ勉強しないというのではおそらく勉強などできる時はないであろう。

スランプにおちいってどうしても勉強できない時は、勉強をしないか、それともその不調なかで能率の悪い勉強をするしかないのである。

今まであまりにも勉強しすぎたのだから、これからは十日間ぐらい遊ぼうと思うのもよし、能率の上がらないことを覚悟のうえで机につくのもよし、それはその時々の状況によって選択すべきことである。

最も悪いことは、コンディションが悪いのに、その悪いコンディションを受け入れる覚悟ができず、「あーあ、もっと快調だったら、もっとスッキリしていたら」とありもしないベストコンディションを求めることである。ないものねだりとは情緒的未熟児のやることである。

スランプも実力のうちなのである。休養も練習のうちであることを忘れてはならない。

スランプの自分は何か本当の自分でないように感じている人がいるようである。決してそうではない。快調に勉強している時の自分も本当の自分だし、スランプになっている時も本当の自分なのである。スランプも実力のうちであるのだから、スランプは仕方がないであろう。自分の実力なのだから仕方がない。

あるがままの自分を受け入れることのできる人ほど、やがて大きな仕事をする人である。

すぐにあがってしまう人、スランプにおちいりやすい人、ウロタエてしまう人、すぐにリラックスしようとしてかえって緊張してしまう人は、自分が〝うぬぼれている〟ことに気づかねばならない。

つまり、ウロタエたり、あがったり、あせったりするのは、「本当の自分はこんなではない」という気持ちがあるからである。

自分は本当は実力があるのに、と思っている人が、実力が自分の思うように発揮できない時、あがるのである。

スランプは意志の力では脱出できない

スランプについて先ず第一にハッキリと認識しなければならないことは、スランプは意志の力では脱け出ることはできない、ということである。

人間は汗を出そうと思っても汗を出せるものではない。意志によって汗を出せないように、スランプも意志によって脱け出ることはできない。

汗を出したければ、暑いところに行くか、運動するしかないであろう。一人で寒いところにじっと座っていて、どんなに汗をかいてやろうと意志を強くしても、出ないものは出ない。汗をかきたければ、汗をかくに適した行動をとるしかない。

スランプになったら、まずスランプから脱け出そうとあがかないことである。あがけばあがくほどスランプは長びいてしまうだろう。

机の前について勉強できなければできないで仕方がない。どうしても本を読めなければ読めないで仕方がない。無理に読もうとしないで、ただそこにいるより仕方がない。

スランプに人並み以上におちいりやすい人もいるだろう。神経質な人などは他人よりスランプになりやすい。

神経質な人はよくいえば完全欲が強い。悪くいえばガツガツしている。そして完全欲が強いということは、別の表現を使えば、適度に何かをできない、ということである。とかくやり過ぎるか、やらな過ぎるかなのである。適度に運動をし、適度に勉強する、適度に休息をとり、適度に働く、そうした態度をとりにくいのが、神経質の人の特徴である。

およそ理想的な人間などいないのだから、朝から晩までじっと座って勉強していても能率など上がるはずがない。ところが、えてしてこの神経質で完全欲の強い人は、このような自分に都合のよい理想像を求める。

スランプになったらスランプのままで生きていくしかないのである。普通の人ならばスランプは多少苦しくても、仕方がないと諦めて適当に休み、適当に運動し、勉強ができないながらも机にむかったりしている。そのうち治るだろう、ぐらいのことを考えている。もしもっとひどくなったら、その時はその時で考えよう、ぐらいにアッサリと考えて生活している。そうすると自然と治ってきて、いつの間にかまた勉強ができるようになってくる。

ところが神経質の人は、そのうちどうにかなるだろう、と楽観的に考えられない。神経質の人は将来に対して悲観的になってしまうのである。

しかし人間スランプで死ぬことはない。スランプでは命はとられないから、そんなに深刻に考えることはないのである。

世の中には神経質とは逆に鷹揚な人もいて、スランプで勉強できなくなると、アッサリと遊び出す。そして遊んでいるうちに自分がスランプだということを忘れてくる。自分がスランプだということさえも忘れて遊んでいれば、やがて気がついたらスランプは脱していて、また爽快に勉強はできるようになっている。

要は、スランプそのものが問題なのではなく、スランプを苦にするか、苦にしないかが問題なのである。スランプそのものがわれわれを苦しめるのではなく、スランプに対するわれわれの反応がわれわれを苦しめるのである。

鷹揚な人が、スランプを忘れるのとは逆に、神経質な人は片時も自分がスランプであることを忘れない。そしてああしようか、こうしようかと心配しながら生きている。

神経質な人は、自分は神経質なんだと諦めてしまうことである。

しかし人間諦めることができるためには決断ができなければならない。諦めようとして諦められない人は、決断のできない人なのである。決断と諦めは表裏一体をなしている。それが悟りであろう。

自分が神経質なのに、なんとかして鷹揚になろうとしてもそれは無理である。神経質な人は、その自分の神経質を生きようと決心することである。自分の神経質という苦しみと一体となって生きていくより仕方がないのである。ジタバタしないことである。

汗を出すためには、汗が出るような行動をしなければならないように、神経質を治すには神経質を治すように行動しなければならないのである。

リラックスできない人の心理

最近、僕は『自己発見の行動』という本を訳した。その本の著者は若い頃大変神経質であったという。つまりすぐに緊張してしまう子供であったというのである。

「おとなたちがリラックスしなさいと私にいうと、私は途端にかちかちになり、震えだす始末でした」とその本の著者は書いている。

神経質な子に、「リラックスしなさい」といえば、リラックスしようとしてよけい緊張するものである。

普通の子なら、「リラックスしなさい」といわれれば、ああここはリラックスしていていいのか、と思ってリラックスできる。しかし神経質な子はそうはいかない。

ノイローゼ治療の本などにも、よく〝あるがまま〟でいい、と書いてある。しかし神経質な人は、〝あるがまま〟でいい、といわれると、〝あるがまま〟になろうとして努力してしまう。

ところが〝あるがまま〟と〝あるがままになろうとすること〟は全然異なる。〝あるがまま〟という状態は、〝あるがままになろうとすること〟ではない。

リラックスする、ということは、リラックスしようとすることではない。つまり当人がリラックスしていても、リラックスしなさいと他人にいわれるとすぐ緊張してしまう。それが神経質な人なのである。

リラックスしなさい、といわれても、神経質な人にしてみれば、どうやってリラックスしていいかわからない。

試験の前に、他人からリラックスしなさい、といわれてリラックスできるくらいなら、誰も試験であがったりすることはないだろう。〟あがるまい〟と思って〟あがらない〟でいられるなら誰だって試験で実力を発揮できる。

ところが、神経質な人は、リラックスしようとして緊張し、実力を発揮しようとして、実力を出しきれない。神経質な人は実力を出そう、出そうとしすぎるのであろう。

自分の本当の実力とは学力プラス自分の人格の成熟度なのである。僕なども高校時代、実力といえば、学力のみと思っていた。そして試験で思った通りの点がとれないと、実力が発揮できなかった、と解釈した。

しかし今から考えるとこの考え方はおかしい。自分の日頃の実力を試験場で発揮できないというのも、また本人の大切な能力なのである。

〟鐘は鳴ってこそ鐘である〟

日頃自分よりできない仲間が試験の時、自分よりよい点をとると、自分は実力が出せなかった、あいつより自分のほうが実力があるのに、と僕は解釈した。しかしこの解釈は今になって考えるとおかしい。

社会に出てからわかったことは、どんなに実力があっても、その実力が必要とされる時発揮できなければ、その人は実力のない人、とされてしまうということである。

「鐘は鳴ってこそ鐘である」という格言がある。鳴らなければ、鐘の実力はわからない。発揮できてこそ実力は実力なのである。

試験の時、期待したような点がとれなくても、その時「これが俺の実力だ」と思わなければならない。「どうして俺は実力があるのにこんな点をとって……」と思ってはならない。

オリンピックのレースに出て、負けた選手が「日頃はもっといいタイムで走っています」などといっても通用しないのである。その人のその時のタイムが、その人の実力なのである。

神経質な人は、その自分の神経質をも含めて、自分の実力なのだ、という理解をしなければならない。

「本当は僕はもっと実力があるのに」と理解しないことである。そう理解すると〝あがるまい、あがるまい〟として、かえってそのことで精力をムダに使ってしまう。

「あがるのなら、あがるのでいい、徹底的にあがればいい。それが俺の実力なのだから、仕方がない」と考えるのである。

もともと試験などで〝あがる〟人というのは、自分のことばかり気にしている人ではなかろうか。「あ、やっぱり自分は今あがっているらしい」というように、たえず自分の不安な気分に注意をはらっている。

そして、「これではいかん」と思い、自分に「ウロタエるな」、などといいきかせる。しかし難問にぶつかった時ウロタエまいとすれば、よけいウロタエる。

難問に出会ってできなくてウロタエた時には、ウロタエているより仕方がないのである。難問にぶつかるとウロタエるというのが真の自分なのである。ウロタエる以外に真の自分がいると思ってはなるまい。

もちろん、難問にぶつかってもウロタエないで実力を発揮する人がいる。しかしそれこそが、その人と自分の実力の差と理解しなければならないだろう。

要するに、あがったり、ウロタエたり、あせったりする人は、自分にうぬぼれているのである。日常生活における自分の感情が欺瞞に満ちているから、自分が試される場におかれるとあわてるのである。

第 III 章

自分をつくる

不安・空しさ・劣等感からの解放

焦りや不安ばかりが先立つとき…

その自分の心理状態を的確に知るために

死にたいほど恥ずかしいことでも

次に示すのは、僕が読者からもらった手紙である。

「僕が悩んでいたことは、裸で相撲をとるのが嫌だったことです（練習）。それは、肩にかえでの葉くらいのあざがあり、そこだけに毛が黒々とはえています。そして土俵は、バレーコートに接しており、女子の部員が数十人います。それに、十数メートル離れたところでテニスの練習をしている女子がいて、僕は恥ずかしくてしようがなかった。彼女たちは、僕がいない所で何をいっているのか、心配であった。また、雨の降った日などは、体育館でバスケットの女子が見ています。その中に僕の好きな娘がいます。だから練習が嫌で嫌でしようがなかったのです。僕は一メートル七十五センチ、八十キロの体で部員の中では大きいほうです。だから人目につきやすいので、皆がどう思うか心配でした。

でも先生の書いた本を読んでからは、人間が小さすぎたと思うほどです。僕はもう恥ずかしがらず、堂々と練習をはじめています。そのため、この間の総合大会に団体優勝、個人三位の成績でした。翌日の新聞を見てとてもうれしかったです。

八月にあった全国高等学校総合体育大会に出場しても、テレビの放送があっても、心に人はどう思おうといいじゃないかと決めて、楽しい日々を送ってきました」

この時、彼が肩にあざがあるのが恥ずかしいといって相撲をとるのをやめてしまったらどうであろうか。彼はいよいよ自分の肩にあざがあることを恥ずかしく思うようになっていたに違いない。肩にあざがあるというのは客観的なことであろう。しかしこの客観的なことをどう受けとめるか、どう感じるか、ということは人によって異なる。

ある人は恥ずかしくてたまらず、まるで自分の人間としての価値がなくなるようにさえ感じるだろうし、またある人はそんなものがあることを忘れて暮らしているだろう。

しかし、この両極端の人といえども、はじめからそうだったわけではない。まったく気にならない人でも、はじめは多少は気になっていたけれども、そのうちまったく忘れてしまったのだろう。また、逆の極端の人、つまり気にしている人も、はじめはそれほどでもなかったのに、いつの間にかそれがあることで人前に出る気持ちさえなくなるほど恥ずかしく思うようになったのであろう。

実は、気にする人と気にしない人は、はじめからそのように両極端に分かれていたのではない。その人がどのような行動を選択してきたか、ということの結果として、一方は気にするようになり、他方は気にしないようになったのである。

テニスでも、野球でも、ゴルフでも、球を打ち終わった時の姿勢がある。その姿勢を悪いと指摘されても直しようがないということがある。素晴らしい球を打った時は、その打ち終わった姿勢、つまりフィニッシュの姿勢は素晴らしい。

その打ち終わった時の姿勢を直そうとすれば、打ちはじめる時、テニスでいえばラケットを振りはじめる時、野球でいえばバットを振りはじめる時、ゴルフでいえばクラブを振りおろしはじめる時、その時にきちんとした振り方ではじまらなければ、フィニッシュは悪いに決まっている。フィニッシュというのは、今までのすべての結果なのである。

同じように、ある人が自分の肩のあざをどのくらい恥ずかしいと感じているかも、そのあざを意識しはじめてからその人の行動の仕方の結果なのである。

この手記の人のように、恥ずかしいけれども相撲をつづけた人は、次第に気にならなくなるであろうし、恥ずかしくてやめた人は、やめたことでもっとあざを恥ずかしく思うようになっていくであろう。あざを何か重大な自分の欠点と思い込むようになってしまった人は、そう思い込むように自分の行動をとりつづけてきたということなのである。

また、あざが気にならなくなった人は、あざが恥ずかしいという気持ちに動かされて自分の行動を決定しなかったということである。

気になることを気にならなくなるまでやってみる

アメリカの心理学者のジョージ・ウェインバーグが主張するように、行動はその背後にある動機を強化する。恥ずかしいという気持ちにもとづいた行動は、恥ずかしいという気持ちを強めるのである。

ジョージ・ウェインバーグばかりではなく、森田正馬も同じようなことを主張している。

森田がある時、患者を連れて八百屋に行き、野菜のくずを拾って兎や鶏の餌にしたことがあるという。

その時、ことに対人恐怖症の人たちは閉口して「先生はよく、そんなことが平気でできますね」といったという。その時、森田は「平気でやれるわけがない、恥ずかしいがやるだけだ」といった。

平気でやれないことを平気でやろうとするから心の葛藤が生じる。苦になることは苦になるままで、やるべきことをやるというのが森田の神経質の治療の真髄である。

この日本の森田正馬とアメリカのジョージ・ウェインバーグは、根本の考え方において驚くほど同じである。

つまり恥ずかしいからやめるのでもなく、恥ずかしいのに無理に平気をよそおうのでもなく、恥ずかしいけれど、やるべきことをやっていく、その結果としてやがて恥ずかしくなくなる、ということが主張の内容である。

肩のあざを気にしている人にむかって「気にするな」というようなアドヴァイスはあまり有効ではない。すでに当の本人がたいていの場合、気にすまい、と思って努力しているのであるから。気にすまいと思いつつも気になっている人に、「気にするなよ」といってみてもはじまらない。

「気にするなよ」というよりも、この手記のようなケースであれば、「相撲をつづけろよ」という忠告が大切なのであろう。恥ずかしいという気持ちは意志の力ではどうにもできないのである。人間の意志は感情に対してではなく、行動に対して働かせなければいけない。

要はin spite ofということである。恥ずかしいにもかかわらず、気になるにもかかわらず、無意味に感じるにもかかわらず……このように〝にもかかわらず〟という態度こそが、さまざまの精神的な病を解決するのである。

自分の中の何かを隠すと、自分らしく振る舞うことができなくなってしまう。

自分らしく振る舞う人間は、常に活力に満ちている。自分らしく振る舞おうとしないと、自分以外の人間になることにエネルギーを使ってしまうことになる。

自分の肉体と自分の精神をもって自分らしく振る舞うこと、恥ずかしくても苦しくても自分らしく振る舞うことを心がけなければならない。自分らしく振る舞うことで、新しい自分を次々に発見していくことができるに違いない。

肩のあざを隠して自分以外の人間を演技している人よりも、悪びれずに自分らしく振る舞っている人にわれわれは好感を持つのではなかろうか。

何事にも集中できない悩み

もう一つ、別の手記を見てみたい。

「今日は憂鬱な一日でした。〝あと一か月と少しなのだから、勉強しなければならない〟という声を自分の心の中で聞きながら、何かむしゃくしゃして、勉強が手につかず、一日中いらいらしていました。

その気をまぎらわそうとして、つまらないマンガを買ってきて読み、そのつまらなさに一層いらいらして、いてもたってもいられなくなり、外に飛び出しました。近くの公園まで、がむしゃらに走っていきました。そして、一時間近く、人気のない公園のブランコに腰かけて、いろいろ考えました。でも、どうしてもいらだちをぬぐいさることができなくて、今度は大きな池の周りを駆けてみました。大きいといっても周囲は八百メートルくらい。それでも半分までくると、ハアハアいって、体中がほてってきました。気持ちが悪くなるのをがまんして、やっと一周し、〝サア、これから勉強しよう〟と、自分にいいきかせました。池を一周したという興奮で〝ヨシ、勉強しよう〟と叫んだものの、いらだちは心の底にへばりついてはなれようとしません。

家へ帰って心を落ちつけようと、暗い部屋で、座禅を組んでみました。いつになく落ち着いた心で、すなおに〝がんばろう〟と思いました。でも、やっぱり駄目でした。夕食を食べ、テレビをみているうちにまたいらだちはもどってきました。

勉強していてもすぐ気が散ってしまい、時には教科書をあけるのも嫌な時があります。そして、教科書を前に、一人でいらいらしているのです。〝私は勉強が嫌いなのだろうか〟と考える時もあります」

この手記の主人公と前述の肩のあざを気にしている主人公とは、一つ根本的に異なっていることがある。

まず肩のあざを気にしながら相撲をやっている人は、相撲が好きである。それに対してこの手記の主人公は勉強が嫌いである。

汚い水を飲みたがらない犬に、首を押さえこんで無理やり飲ませようとすれば、よけい抵抗する。無理強いすればするほど抵抗する。

この主人公も、勉強したがらない自分を無理にさせようとするから、よけいいらいらしてくるのであろう。

この手記を書いた人は、まず勉強はしたくないが、机の前にでも座っているか、と気楽には考えない。なんとか能率をあげようとする。自分の身のほどを忘れた願望を抱く。机の前にでも座っていたら、パラパラと本でもめくるかも知れない。そこで読む気がしなければ仕方がない。

机の前に座る気がしないのなら、スランプだから諦めて遊ぶより仕方がない。一か月後のことは運を天にまかせるしかないのである。一日楽しく遊べれば翌日から勉強の意欲が出てくるかも知れないし、出てこないかも知れない。

勉強の意欲が出てくれば、一か月後にはよい結果が出るだろうし、遂に最後まで意欲が出なければ悪い結果に甘んじるしかない。

そのどちらになるかは、もう運を天にまかせるしかないのである。この人はスランプになるほど勉強したのである。それで駄目なら仕方がない。もともと自分にはむいていなかったと諦めるしかない。

「身を捨ててこそ浮ぶ瀬もあれ」という格言がある。運を天にまかせることで、よい結果が出ることがあろう。しかしそのよい結果を期待してはならない。

浮ぶ瀬を求めれば身を捨てられないのである。この手記の主人公のように、よい結果を求めてマンガを読むから、その効果がないといって一層いらいらする。今日は駄目だと一日を捨てれば、マンガに熱中して気分が晴れるかも知れない。

気分が晴れることを求めて池の周りを走るから、池の周りを走っても憔悴が心の底にへばりついているのである。気分が晴れるのは結果なのである。

この人は完全に自分が自分のコンディションの測定器になってしまっている。自分を捨てることによって救われるのに、自分を守ることに専心してしまっているのである。

この人はマンガを見ていても、そのマンガを見ている状態に安んじて逗留《とうりゅう》していられない。走っていても、走ることに集中していられない。

何をしていても、そのしていることに集中していられない。自然の流れのような生き方ができない。このようなことを経験の非一貫性という。

〝今〟を明日の手段と考えるから焦りが深刻になる

まずこの人は、マンガを面白いから読もうとしたのではなくて、気をまぎらわす手段としてマンガを読んでいる。そして、その手段が手段としてあまり有効ではないので、さらにいらだって外へ飛び出す。

この人は、外に出かけたのも、外気を吸いたいということではなくて、やはり気を晴らすという目的のためである。外に出たのも手段である。近くの公園でブランコに腰かけていたのも手段である。

しかし、それらの手段もあまり有効でないので、さらにいらだって、今度は池の周りを駆けだす。

さて、この人は池を一周したのも、やはりまた気持ちを落ち着け勉強するための手段である。ところが、この手段もまた失敗している。

さらに、この人は座禅をしたが、座禅という手段も有効ではない。

この人のやることはすべて、いらだつことを押さえ、気持ちを落ち着け、勉強をするための手段である。やっていることそのことは何も目的になっていない。やることはすべて手段として有効であるか、どうか、ということによってはかられている。

人間の感情にはクセがある。今を今として楽しまず、明日の手段として評価してしまうと、だんだんとそのようにしか感じられなくなってくる。受験勉強をやっていると、どうしても今を今として楽しむ能力が衰弱してくる。

今日一日がどんなに辛くても、参考書をよく学習できれば、「今日はよかった」と感じるであろう。今日一日が素晴らしい一日であったかどうかは、今日一日の眼に見える成果で判定されてしまう。

今日一日が何か楽しいことがあって〝あっ、という間〟に過ぎてしまっても、参考書を一ページも読まず、数学の問題も一問も解かなければ、夜寝る時になって、しまった、などと思いかねない。そういう人は今日一日何もしないで過ごした時は、それが休養になり明日への鋭気をやしなっていない限り、今日は価値のない日になってしまう。

人間の肉体にクセがあるように、人間の考え方や感情にもクセがある。

明日のために眼に見える成果を何もあげない一日を、価値のない一日と感じるクセがつくと、どうしても一日一日の感じ方として、そう感じてしまう。明日のために眼に見えぬ成果をあげない日の夜、しまったと思ったり、何か焦りを感じると、その感じ方はくり返されてクセになってしまう。

禅に「時はいのちなり」という言葉がある。今という時は過去のすべてを含みそして今より未来は生まれてくる。人間は今という時を命と心得て生きなければならない。ブランコをしたあとは、それが何のためにならなくても、それでよかった、と思うようにしなければならない。走った時は、何のためにならなくてもそのあとで走ってよかったと思うようにすることである。

〝今ここにある自分〟を大切にする

しかし今日を大切にするということは、決して刹那的になるということではない。その反対である。今日なくして明日はないのであるから。

シェイクスピアの「ヴェニスの商人」のなかにポーシャが次のようにいうセリフがある。

「本当に、わたしの小さな身体はこの大きな世の中に厭《あ》きて退屈してしまった」

刹那的に生きれば生きるほど退屈し、退屈すれば退屈するほど、人間は刹那的になっていく。

今を大切にするということは決してそういうことではない。今を大切にする人は退屈している人ではないのである。今を大切にする人は自由な人なのである。

今日を今日として大切にすることを怠ることは、実は明日をおろそかにすることでもある。というのは明日という日は永遠にこないからである。人生においてあるのは今日の連続でしかない。

明日の日がきた時、それは明日ではなくて今日の連続なのである。だからこそ今という時を命と心得て生きなければならないのである。

キリストの教えにも「明日を思いわずらうな」というのがある。今日一日を精一杯生きれば、いいのだ。明日はまた生きていかれるというのである。

仏教にも「贖面《テキメン》の今」という言葉がある。キリストもお釈迦さまも、東洋と西洋という違いをこえて、やはりこの〝今〟を大切にしろ、といっている。そのいわんとすることは〝今、ここにある自分〟の衝動に身をまかせて、未来の展望を失ってしまっていいということではない。〝今、ここにある自分〟の欲望に埋没しろ、と主張することではない。

さきにシェイクスピアの「ヴェニスの商人」のポーシャのセリフを書いたが、まさにヴェニスの商人であるアントニオにもこんなセリフがある。

「非常に退屈なんだ、なんだか悲しくてしようがない。人生にくたびれている。どうしてこうなったか、まったくわからない」

〝今、ここにある自分〟の欲望に身をまかせれば、〝なんだか悲しい人生〟になっていくのであろう。

「歓楽極まりて哀情多し」といったのはたしか漢の武帝であったろうか？　誰がいっても関係ない。その内容は納得いくであろう。

受験生などは長らく受験勉強をしていると、いつの間にか、現在を未来の手段としてしまう考え方のクセがついてしまう。また、受験の雰囲気の中にいると、いつの間にか、現在を未来のために犠牲にするのが何でもない価値観を身につけてしまう。未来の合格が目的で、現在はその手段になってしまいがちである。

ことに劣等感が強いと、現在を手段化してしまいがちである。現在を自分の劣等感の克服にのみあててしまうからである。どのような未来の成果も本人の劣等感を救うものではない。しかし劣等感を持つと未来の成果は自分を劣等感から救ってくれると錯覚し、現在を未来のために捧げてしまう。そのように、現在を未来のために捧げれば捧げるほど劣等感は強まり、劣等感が強まれば強まるほど、現在を手段化するという悪循環におちいってしまう。

今を大切にするためには劣等感を克服しなければならないが、それは現在を手段化して未来の成果を求めることによってできるものではない。

劣等感を克服するためにはむしろ逆に今を大切にしようとつとめることである。

その場その場の衝動に身をまかせて、遂には退屈で、悲しい人生を送る人というのは、あまりにも現世の価値に背をむけすぎているのである。

そういう人も幸福を求めたのだろうけれども、あまりにも現世の価値に背をむけたのでは、やはり現世の幸福に近づくことはできない。

また、そういう大快楽主義の人たちとは逆に、受験生はあまりにも現世の価値を求めすぎたのである。その結果として現在を未来の手段にしてしまったのである。

「今、ここにある自分」の欲望に埋没してしまうのが異常であるように、「今、ここにある自分」をすべて否定してしまうのも異常なのである。

現実の中に身ぐるみ飛びこんでいく勇気のある人間は、未来のことを考えて小心翼々としている人ではない。

じっとしていられない不安との対決

さて、さきに、何をやってもそこに落ち着いていられないことを経験の非一貫性という と書いた。さきにあげた手記がその例であった。

この心理をさきの手記以上に鮮明に書いたものに夏目漱石の『行人』がある。

「にいさんは書物を読んでも、理屈を考えても、飯を食っても、散歩をしても、二六時中何をしても、そこに安住することができないのだそうです。何をしても、こんなことはしていられないという気分に追いかけられるそうです。

（中略）

ただ不安なのです。したがってじっとしていられないのです。にいさんは落ち着いて寝ていられないから起きるといいます。起きると、ただ起きていられないから歩くといいます。歩くとただ歩いていられないから駆けるといいます。すでに駆け出した以上どこまでいっても止まれないといいます。止まれないばかりならよいが、刻一刻と速力を増していかなければならないといいます」

まさにこれは経験の非一貫性である。それはこの人のように何をしていてもそこに安住できないことである。

急ぐ理由がないのに、何か急がないといられない。旅に出てまだ時間があり、帰る必要がないのに、帰らないといられない。船の上で走ってみたところで、早く目的地に着くわけでないのに、走らないではいられない。

何をしていてもそこに安住していられないのは、不安があるからである。経験の非一貫性に苦しんでいる人間にとって必要なことは、まず不安の正体を知ることである。

不安な時、薬を飲む人がいる。薬を飲めば、これまた根拠のない幸福感へ変化する。しかし、薬を飲んで陽気になっている人を見れば一目でわかるように、きわめてその喜びは不自然で、表面的で、何とも不安定である。

経験の非一貫性に苦しんでいるのは、実は薬を飲む人と同じように、自分の不安から逃げようとしているからである。何か理由もなく内から急ぐことを強迫されている時、大切なことは、次から次へとスケジュールを急ぐことではなく、不安と正面からむかいあうことなのである。

じっと座っていられないから立ち上がって走るのではなく、じっと座っていられない〝にもかかわらず〟じっと座っていることなのである。

そして、自分の内面の不安と正面からむきあうことであろう。

走りたいから走っているのと、不安でたまらなくて内面からかりたてられて走っているのとはまったく違う。

走りたいから走っている人は、いよいよ自己を豊かに確立していくのに、内面から強迫されて走っている人は、いよいよわけのわからない不安にさいなまれるようになる。つまりいよいよ自己を喪失していく。

内面から強迫されるにもかかわらず、一歩そこでふんばって、自分をおびやかす不安と面とむかうことであろう。

するとそこに、自分を脅かしている一群の人々がうかび上がってくることがないだろうか？　実は、経験の非一貫性に苦しむ人は誰かを恐れているのである。

理不尽な父かも知れない、厳しすぎた先生かも知れない、欲求不満の母かも知れない。誰であるかは知らないが、その人に好かれなければ生きていかれないという立場にかつて自分がおかれて、その人への恐怖感が心の底にこびりついているのである。

子供の頃、その人に好かれなければ生きていけないように感じて、自分の願望を一切抑圧してしまった時がその人にはあったのではなかろうか。

その人には恐怖のために抑圧された自分の願望があるに違いない。長いこと抑圧されたが故に、その人は自分の願望を感じとることすらできなくなっているのである。

恐怖と願望との正面衝突、その葛藤。その葛藤の解決なくして、経験の非一貫性の解決はないであろう。

恐怖の正体をつきとめること、長いこと抑圧されて感じることのできなくなっている願望を掘りおこすこと、この二つこそが必要なのである。

内面の葛藤からの解放

祖国のために戦いに行くべきか、それとも自分のことだけを頼りに生きている老母のために国に残るべきか、を悩んでサルトルのところに相談に行った青年の話は有名である。

そこでサルトルは「君は自由だ、選びたまえ」といった。

この青年は、心の葛藤を持っているからこそ、自分が自由であることに気がつかなかったのである。

サルトルはまた「私の未来は処女である。すべてが私に許されている」ともいっている。つまり心の葛藤の解決がついた発言である。経験の非一貫性に苦しんでいる人にとっては、「すべてが私に許されていない」のである。

経験の非一貫性に苦しむものは、不安のために何物とも出会うことができないでいる。誰かへの恐怖のために何事とも直接的に出会うことができないでいる。

出会うことは、具体的にいえば、次のようなことであろう。たとえば「音に出会う」とは音楽会に行き、隣の席に誰がいるかも忘れ、切符が自分にとっては高かったことも忘れ、今日が何日であるかも忘れ、自分がどこにいるのかも忘れてしまうことである。初めからエクスタシーの状態にあるわけではない。だんだんと音の世界にひき込まれていくということである。

そして、何物かに出会った人は、人生にはこんなにも素晴らしいものがある、と考えるようになるであろう。

僕の知っている指揮者は、演奏会の前日によく碁をやりに行くといっていた。碁をやっていると、夢中になって何もかも忘れてスッキリするというのである。その人は碁に出会っているのである。

経験の非一貫性に苦しむ人は、何物とも出会えないでいるのである。走っても走ることと出会えないでいる。つまり、何かを感じることのできる自分がないのである。

何物とも出会うことのできない人がいる。その人は存在の裂け目のようなものである。自分はどこにもいない、そのことが、歩いても落ち着かず、食べても落ち着かず、本を読んでも落ち着かないことの原因であろう。

ある誰かへの恐怖のために、自分の願望を抑圧してしまった人は多い。

葛藤とは不自由ということである。自由というのは、自分の願望を抑えて他人の欲するままに動くということではない。逆に、自分の願望に従って動くことである。

奴隷や囚人は自分の意志や願望に従って動くことはできない。ギリシャ語の〝自由な人〟（エレウテロス eleutheros）は、〝囚われの人〟（ドゥーロス doulos）に対する言葉である。

心に葛藤を持つ人は、実は内面においては囚われの人である。自分の意志に従って動けず、自分の主人の意志に従って動く奴隷と同じであろう。現実の奴隷と違うのは、ただ、その主人を内面化しているというだけの話である。その主人は、時に母であることもあろう。

自分の夫への期待を捨てて、自分の子供の社会的成功にすべての期待をかけた母がいたとしよう。やがてその子供はその母の期待を内面化して成功へむかって努力をはじめる。

その時その子は、自分の人生に自分は何を期待したらよいのかわからなくなる。自分の人生でありながら自分はどこにもいない。

母に気にいられること、母とともにいることが最大の喜びである者は、心の葛藤を逃れることはできない。その人にとって母を悲しませることは最大の悲しみであり、母から嫌われることが最大の恐怖となる。

この恐怖こそ、その人をして何物とも出会うことを不可能にしてしまう。

自分の人生に自分が期待して何が悪い。自分の人生に何を期待するかは、自分で決めることなのである。

経験の非一貫性に苦しむ人は、自分の内面の主人にそむくことがまず第一である。それなくして苦しみからの解放はあり得ない。

自分が自分を好きになるということ

ベルナノスは「自分自身を忘れることに恩寵はある」という名言をはいている。つまり、何かに出会うことは自分自身を忘れることなのである。

よくいわれるように、手のひらの鳩は摑まえようとすると飛び去ってしまう。

不眠症の人間が同じである。いつ眠られるかと気をはりつめている。眠ろうとして眠られるものではない。健康もまた同じである。過度に健康を求めればヒポコンドリーという病気がはじまる。

この人生には意志の対象とはなり得ないものがある。あとの結果としてしか与えられないものがある。

快楽とか幸福とか、結果としてしか与えられないものを、まず行為の直接的な目的にしてしまう人は、それらを結果として得られない。安息と調和を求めて不安になる。

安息と調和も、あることを目指して行動することの結果として得られるものであろう。

出会いも結果として得られるものである。

しかし、人間とは皮肉なもので、心理的に不安定な人間ほど、心理的安息を直接的な目的としてしまう。不眠症の人ほど、熟睡を直接的な目的にしてしまう。

その結果として、いよいよ安息も調和も睡眠も逃げていってしまう。鳩を摑まえたい人ほど、手のひらの鳩を摑んでしまう。そして結果として、その鳩を逃がしてしまう。

自分自身への過度の集中をする人は不安な人である。不安な人は、普通の人なら気づかないちょっとした感覚にさえよけいな心配をはらう。

医者に「どこも悪くありません」といわれても、不安は消えない。

いずれにしても、不安な人は、小さい頃から自分では気づかないかも知れないが、誰かに気に入られようと自分を偽りつづけているのである。そして自分を偽ることによって、自分が自分を嫌いになっていたのである。

自分が自分を好きにならなければ、安息も、調和も、快楽もない。自分が自分を好きになるとは、ナルシストになるということではない。自分を自分に対して偽らないということである。自己欺瞞や言いわけをしないことが自分が自分を好きである証拠である。

自分が自分を嫌いになる人間

さて、はじめの手記にもどると、あざがあるのに相撲をとりつづけた人は、自分が自分を好きになるような行動をとりつづけたということである。自己卑下をすれば、自分が自分をどんどん嫌いになっていく。

ところで、自己卑下は自己嫌悪となっていくが、ドンファンのように、次から次へと恋人を変えていくようなタイプも、やはり自分を嫌いな人であろう。

ちょっと考えると、自己卑下する人とドンファンとはまったく違っているように見えるが、心理的には同じと考えられる。このことは過信というのが自信の欠如と同じことであるのと似ている。

ここで、ある手紙を見ながら、男から男へと心を移す女性の心理を見てみたい。

「今の彼と知りあったのは、六本木のあるパーティの席上でのことでした」と、ある女性は書きはじめている。そして「私は今まで数多く恋愛をしたが、選ぶときは一目ぼれが多かった」とその女性は書いている。

そして「どんな素敵な男性とでも、いったんさめてしまうと、新しい男性へとのりかえが速く、あっさりしたものでした」と回顧している。

　この女性には申しわけないが、このように次から次へと異性を変えていく人は、自己嫌悪の激しい人である。もちろん、自己嫌悪といっても自分ではあまり意識していない。無意識のところで、どうしても自分で自分が好きになれないでいるのである。心の奥深いところで自分を好きになれないから、感情が安定しない。自分が好きになれないばかりではなく、自分に属さないものをよく賞賛する。

　このような女性がパリでも行こうものなら、なんでもかんでもパリがよくなって、自分の住んでいる日本はすべて悪くなってしまう。男性もフランスの男性は日本の男性より素敵になってしまう。このような人は、心の底で自分の価値を信じられないでいるのである。だから自分に属してしまうと、何かそのものがつまらなくなってしまう。

　恋人なども、その人自身が素晴らしいというより、自分の劣等感から新しい相手が素晴らしく見えるにすぎない。

　この手記を書いている女性は、今の男性に飽きて次の男性に会ったときのことを、次のように書きつけている。

「今思うと、彼はあの〝サタデー・ナイト・フィーバー〟のＪ・トラボルタを思わせるほどの踊りっぷりで、盛り上がるパーティではひときわ目立つ存在でした」

とにかく自分の恋人として定着する前は、たいへんなほれようである。それは、心の底で自分の無価値観に悩んでいるからである。また虚栄心も強い。

「彼はファッション関係に勤める二十三歳。青山のマンションの一人暮らし、ファッション、スポーツ、ミュージックと三拍子そろってとびぬけた彼のセンス」なのだそうである。

こんなに好きであっても、この女性は次のように悩んでいる。

「私は一人の人を一生涯愛しつづけることができるだろうか……。いくら神仏の前で誓いあって結ばれたとしても」

この女性は、おそらく自分のものになってしまえば、その人を大切に扱うことをやめてしまうであろう。その人を粗末に扱うことで、自分の相手に対する気持ちも荒廃してくる。相手を大切に扱うから、大切に思う気持ちが湧いてくるのに。

この女性はいったん恋人として定着すれば、デートの時間にも遅れるかもしれない。そんなことをするから、また相手はどうでもいいようにも思えてくる。

テレビで「他人《ひと》のカミさんはいいなあ」といって他人の奥さんとダンスをする番組があった。他人の奥さんには礼儀正しいのである。他人の奥さんには尊敬に満ちた態度で接する人がいる。ところがアメリカで、そのような二組の夫婦が合意のもとに、相手方の異性と互いに再婚した。ところが、再婚したとたんに、嫌気がさしたという。

新鮮な気持ちを、思いやりの気持ちにかえる以外に恋は長つづきしない。

それよりも、熱しやすく冷めやすいドンファンは、心の底で自分を嫌い、劣等感を持っているのだということを知る必要がある。

相手を軽く見る態度の裏には

相手を軽く見るような行動をしてはならないということは、何も恋人同士、夫婦の間ばかりではない。友人同士であれ、先輩・後輩であれ、師弟であれ、同じことである。

友人関係などでも知りあいになりはじめたころは時間に正確だったのに、親しくなると、約束の時間などに平気で遅れてくる人がいる。

いや、時間のことばかりでなく、相手に対する諸々の行為について尊敬の念がなくなってくる。未知の人であったころは、愛想もよく、きわめて親切であったのに、親しくなるにつれて、急に不機嫌になりだしたりする。

あまり慣れていない人には〝いい顔〟をするのである。

このような人は一般に自分に対して自信のない人である。一口にいってしまえば、内面の悪い人、外面のよい人である。

人間は、相手に対する尊敬に満ちた行為をすることによって尊敬の念を深め、相手に対する軽蔑に満ちた行為をすることによって軽蔑の念を深めてしまう。楽しそうに行為することで人間の気持ちは楽しくなる。それと同じである。

友人にひきずられてであっても元気な活動をしていると、いつの間にか活気に満ちてくる。

もしあなたがその人と長くつきあいたいと思うならば、その人が自分に対して軽々しい行動をとることを許してはいけない。というのは自分を軽々しく扱う行動をすることによって、相手の気持ちの中に、新しく別の気持ちを生まれさせてしまうからである。

また自分も相手を無価値なものとして扱ってはいけない。そんなことをしているといつの間にか、相手がどうでもいいような人間に思えてくる。

よく自分の会社や学校の悪口をいい、他の会社や学校のことばかり褒める人がいる。自分の会社や学校の女性はけなして、他社や他校の女性ばかり褒めるサラリーマンや男子学生がいる。そしてそういう人に限って他社の女性社員や他校の女子学生には尊敬に満ちた行動をするのである。さきに述べたごとく、こういう人は自分に自信がなく、内心不安定な人である。

他社や他校のことばかり褒めて、自分の会社や学校をけなしていると、いつの間にか本当に自分の会社や学校は駄目な会社や学校に思えてくるのである。そうなればその駄目な会社や学校にいる自分は駄目な人間に思えてくる。

全共闘全盛期の先生や親は、この点について決定的に誤っていた。あれほど軽蔑的な行動を許したからこそ、その行動によって親や先生への軽蔑を深めてしまったのである。先生のことを「てめえ」と呼んでいれば、その呼び方を通して軽蔑の感情が湧いてきてしまうのである。

友人にしろ、恋人にしろ、親にしろ、同僚にしろ、上役にしろ、先生にしろ、軽く扱うことはやめたほうがいい。

どこの会社や学校にも次から次へと友人を変えていく人がいる。親しくなると急にその友人に魅力を感じなくなるようである。そして新しい友人を求めて、古い友人の悪口をいっている。

自分が周囲に慣れ親しむということはよいことである。しかし、そのことと、周囲にぞんざいな態度をとるということは別である。

こうすれば空しさの蟻地獄から脱け出せる

〝自分が自分を好きになる〟ための四大法則

意欲を自ら求めよ

さて、前節でも述べたような自己卑下もせず、ドンファンにもならず、自分が自分を好きになるためには、次のようなことが必要であろう。

第一の法則　元気な人とつきあうこと

第一には、元気な人とはつとめてつきあう、ということである。個人的なつきあいにおいて、活力のある人とつきあうことは大切なことである。ことに自分が落ちこんでいるときは、活動的で元気な人と接することである。

というのは、元気な人と接することで人間は元気になる。無気力な人と一緒にいると、たとえこちらが多少元気であっても、次第に気力を失ってしまいがちである。

いつも文句ばかりいっている人間と一緒にいるという義務は、われわれにはない。また、いつも不機嫌な人間と一緒にいることは美徳でもない。

いつも他人のあら探しばかりしている人間と一緒にいると、いつの間にかわれわれも他人のあら探しが自分の仕事になってしまう。そして自分が自分を嫌いになる。

人間はもともと意欲的にできていることを忘れてはならない。もしわれわれが何か「やる気」がない、何となくつまらない、何につけても億劫《おっくう》だ、というなら、どこか生き方が間違っているのである。

そうはいっても、僕も今までいつもやる気十分であったわけではない。時にはスランプになり、時には死んでしまいたい気持ちにもなり、時には何か投げやりな気持ちになったことはある。そのように意欲喪失した時、今述べたように一番大切なことは他人とのつきあいを切ってしまわないことだと僕は思う。

人間の意欲は人と人との結合から生まれてくるものである。人間関係の薄い人はどうしても意欲を喪失しがちである。何かつまらなくて、一人になって、その一人の世界に閉じ込もれば閉じ込もるほど、実はいよいよ意欲を喪失することになる。

意欲の喪失した時というのは、何か他人に会うのが億劫である。よほど親しい人でもないと会うことを避けたく思う。

しかし、人づきあいの悪い人というのは、何につけても本当の意欲を持っていない。若い頃もそうであるが、大人になってからでも同じである。近所づきあいも悪い、会社の同僚と酒も飲まない、学生時代の友人と旅行にもいかない等々、人間関係の薄い人というのは、会社の仕事も本気で夢中になってやることも少ないようである。

社会人でいえば仕事に熱心な人は遊びにも熱心である。学生だって同じであろう。勉強に本気な人は遊びも本気でなければなるまい。そうでなくて嫌々勉強しているような人間は、大学に入ってから完全に無気力型の人間になり、社会に出てからも使いものにならない。

この原稿を書いている日の朝、僕は七時から八時まで仲間に誘われて、東京九段の日本武道館で合気道の練習をしてきた。実は昨夜、友人たちと気勢をあげて飲んでいたら「お前も合気道をやれ」ということで朝の練習となったわけである。朝八時に運動を終わって、気分爽快に皆会社にむかった。彼らのおかげで僕も爽快な朝が味わえた。

元気がない時には一人にならないことである。元気でない人とつきあわないことである。自分の意欲が衰えた時こそ、やる気十分、意欲に満ち満ちている人と一緒にいなければいけない。

先日関西の大学に講演に行った。するとその大学祭の実行委員の半分は一年生の時、同じクラスの人たちだった。つまりそのクラスはお互いに刺激しあって皆があらゆることに意欲的になっているのである。一年生の時からクラスの皆でスポーツもやっていた。クラス内の人間関係が濃密だから皆がやる気を持つようになる。

他のクラスは大学祭にも熱心に参加しないし、大学祭以外のことにも意欲がないという。聞けばクラスの人々はお互いにバラバラでつながりが薄いという。人間の意欲は理屈で湧いてくるものではない。野球の試合の時、ファイト、ファイトと声を出す。これは元気だから声を出すのではなく、声を出すから元気になるのである。走っている時にファイトと声を出すのだって同じである。元気だから声を出すのではなく、元気を求めて声を出すのである。

意欲を失ったような行動をすれば本当に意欲はなくなる。しかし元気のない時でも、元気のよさそうな行動をすれば、その行動によって逆に、本当に元気が出てくるのである。

どんな人とつきあえばよいか

何が豊かといって、その本人が活力にあふれていることほど豊かなことはないであろう。また、何が貧しいかといえば、それは当然、活力を失った精神である。

何かに関心を持って生きている人は、いつも生き生きしている。世界に無関心となった人間は、生きている意味を見失うであろう。

関心は能動性にもとづいている。関心と活力は同じであろう。何ごとにも無関心な人は、何をやるのも、嫌々やることになる。

関心は伝染的な性質を持っている、と、フロムという学者がいっている。つまり、何かに関心を持っている人と一緒にいると、自発的に関心を持ち得ない人でも、関心にめざめることがあるというのである。私もその通りだと思う。

自閉症というのは外の世界に心を閉ざしてしまっている人であるが、関心というのは外の世界に心が開いていることである。

かつて反戦歌手といわれたジョーン・バエズが、「私がどんなに歌を愛していても、戦争で世界がなくなれば歌もない」といった。彼女は、本気で歌を愛していたのであろう。

ひとつのものに本気で関心を抱く者は、他の分野への関心を自分の中に呼びおこしやすい。政治にまったく関心を失っている芸術家や学者などは、あまり信用できない。関心は、世界に心を開いていることだからである。

元気な人、世界に心を開いている人と一緒にいると、自分も愉快になってくる。子供が大人のことをまねて成長するように、人生を楽しんでいる人と一緒にいると、自分も人生の楽しみ方がわかってくる。そして自分も成長する。

劣等感の強い人は、できるだけ劣等感の強い人と接するのを避けることである。相手の劣等感と自分の劣等感が融合して、より劣等感が強まるだけである。そしてさきに述べたように、他人のあら探しを二人で一生懸命することになる。相手が劣等感から世間への非難をすれば、それは劣等感を持つ自分にも心地よくひびく。相手の劣等感が自分を相手のレベルまでひきずり落とすことになる。自分に劣等感がありながら劣等感のある人と接することは、自分にとってばかりではなく、相手にとってもよくないことである。

相手もまた成長への意欲を喪失し、自分の劣等感からの言動を正当化してしまう。自分に劣等感がある時、劣等感のある人を避けてあげるのがその人への責任でもあり、自分への責任でもある。

劣等感のある人間、不機嫌な人間を言葉で説得しようとすることはやめたほうがよい。黙ってその人のそばを離れること、それが最大のプレゼントである。

マイナスになる人間関係・プラスになる人間関係

何かをしたいけれども何をしたらよいかわからない、という人は、まず今まで接してきた人間と違った人間に接することである。

意気沮喪している人は、今までせいいっぱい生きている人たちと接した経験が少ないのではなかろうか。せいいっぱい生きている人は、接する人に生きる意欲を吹き込み、その人になすべきことの指針を与えるものである。

意気沮喪している人は、何をなすべきかを知らない人たちのさわがしいおしゃべりに参加することをやめることである。そして何をなすべきかを知っている人の人間的な温かさに接することである。何をなすべきかを知っている人は、人間的な温かさを持っている。

今まで接してきた人々、まず家庭、小学校、中学校からはじまって今の人間関係まで、無気力な人もいろいろな人と接してきているであろう。その今まで接してきた人々をよく考えてみることである。家で親は必死で生きていたか、愛情はあったのかなかったのか、家族愛は家族一点ばりの息づまるような歪んだ愛だったかどうか、小学校の先生はせいいっぱい生きていたか、……いずれにしても、今自分が何をしていいかわからないということは、誰からも生きる新鮮な息吹きを吹き込まれなかったということなのである。

意気沮喪している人は、とにかく理屈をいわずに、多くの今までとは違った人間に会ってみることであろう。そして多くの人間に会えば会うほど、人間を洞察する眼もできてくる。

骨董屋の小僧は、ニセモノをつかまされるたびに成長していくという。

意気沮喪している人は努力している人とつきあうことである。妬みと軽蔑の感情は怠け者の感情である。努力しているものは畏敬の念を持つ。畏敬の念があって偉大な芸術も生まれるのである。

意気沮喪している人は辛抱できない小利口な人間と接しないことである。そのような人間からは明るいユーモアは期待できない。意気沮喪している人は長い辛抱に耐えられる天才と接することである。そうすれば自分の懐疑の誤りに気づくに違いない。

意気沮喪している人はその場にいる人に相手にされようがされまいが、とにかくせいいっぱいその場を楽しんでいる人と接することである。その時その時をせいいっぱい楽しんでいる人と接するのと、まるで人生をカタキのように考えている人と接するのでは、こちらの気持ちに与える影響もだいぶ異なる。楽天的な気持ちも厭世的な気持ちも伝染しやすい。ぐちばかりいっている人と接していると、こちらもついぐちっぽくなる。

悩むことが頭のいいこと、良心的なことと錯覚している人と接していると、こちらも、悩んでいることと良心的であることと同じであるかのごとく錯覚しはじめる。

優柔不断であることを良心的と勘違いしている人と接していれば、こちらも一体自分は何をやっていいかわからなくなる。

小さなことにこだわることと良心的なこととは違う。些細なことにこだわって他人と口論して、相手を良心がないなどと非難している人がよくいる。この種の人に接しないことである。

いつの間にか自分も些細なことにこだわり、そのことで悩む習慣がついてしまう。そして、いよいよ自分は何をしたいのかがわからなくなる。

まず自分がどのような人と接しているか整理してみることである。

何をしていいかわからないという人は、自分が接している人の名前をノートに書き、その人たちの行動の仕方について書いていってみることである。できるだけくわしく書いてみること。何もしないでいつも悩んでいるだけの人か、それとも何かに夢中になる人か、健康な人か、いつも頭痛がしている人か……悩みというのは、何の役にも立たないばかりではなく、健康をそこなう。したがって、いつも胃の調子が悪いといっているとか、体が悪くないのに薬を手ばなせないとか、いろいろと今接している人についてくわしく書き出してみることである。

すると、案外同じようなタイプの人間ばかりと接していることに気づくのではなかろうか。自分のつきあっている人があまり運動しない人ばかりだったら、運動することの価値を不当に低く見るようになってしまう。

悩んでベッドに眠っていても、悩みは大きくなるだけだが、走っていれば気が晴れる。いつも将来の不安ばかり話している人と一緒にいれば、その不安は自分にも伝染する。あなたがそれまではそれほど将来について不安を抱いていなくても、そのような人とばかり接していると次第次第に悲観的に考える習慣がつき、いつの間にか将来のことで悩むようになる。

空しさと背中あわせの孤独

僕は現在早稲田大学の文学部で加藤ゼミというのを持っている。ところが、このゼミをとる学生の勉強への意欲というのが、必ずしも毎年同じようなものではない。同じようなものではないというより、年度によってかなりの違いがある。ある年度のゼミの学生が大変に意欲的かと思うと、次の年度のゼミの学生はまったく無気力だったりする。

ゼミの指導教授をはじめとして彼らをとりまく勉学の環境が同じなのに、一年違うとどうしてこうも意欲が違うかと思うくらいである。年齢とても一年度違いぐらいでは、浪人だ留年だということを考えるとたいして違わない。時代背景も同じである。

ところが意欲に違いがある。それはおおかた僕の見るところ学生同士のつながりの強弱によるようである。

つまり、ゼミをとった学生同士が、どのくらいつきあっているか、どのくらい仲間意識を持っているか、どのくらい理解しあっているか、ということである。

意欲的な年度の学生というのは、実によくお互いを知っている。僕のゼミは四年生においてある。したがって彼らの生活は、一年の頃からの生活が反映されてくる。

意欲的な年度のゼミは教室に入っていくと、学生が「今日は○○君はかくかくしかじかの理由で欠席します」と欠席する学生のことを報告してくれる。そして仲間の学生が運動部のどこに属しているか、文化部のどこに属しているかについてよく知っている。誰それは今おふくろが田舎《いなか》から出てきているとか、誰それは現在何のアルバイトをしているとか、仲間うちでよく知っている。

一口にいって仲間意識が強いのである。四年生になるまでにそれだけの交流があったということだろう。

ところが無気力な学生の集まりの年度というのは、お互いがまったく知らない。教室に入っていって、「今日は○○君はどうしたの?」と聞いても、「そんな人がいるの?」という顔をする。大学生活四年目に入っても、お互いにほとんど顔と名前も知らないし、いわんや仲間意識など全然ない。そういう年度のゼミは学生の研究発表もお粗末になる。

つまり僕がいいたいのは、人間の意欲の源泉のひとつは仲間意識、所属感、連帯感、参加の実感等であろうということである。

空しさと孤独は背中あわせなのである。人間は自分の人生の意味を自分一人の上に築くことはできない。どんな成功もそれを共に喜んでくれる人がいない限り空しいものであろう。

他者との交流が個人に安心感と意欲を与える。勉強する気にならないのも、仕事をする気にならないのも、ひとつにはその人が他人との関係のうえに自分の人生を築くことを忘れたからである。

都はるみさんの『北の宿から』という歌が大ヒットしたことがある。その中に「着てはもらえぬセーターを寒さこらえて編んでます」というのがある。

しかし着てはくれないセーターをあむのは何と空しいことだろうか。問題はセーターをあむ行為にあるのではなく、セーターを着てくれる人がいるかいないかにある。

利己主義はどのようにあがいても虚無感からまぬがれることはできないのである。

他人との関係の中ではじめて〝自己〟がある

先日ある喫茶店で、テレビのディレクターとコーヒーをわいわいガヤガヤ飲んでいた。われわれの話の内容から、そばに座っている人たちにもそれはテレビの関係者であることはわかったのであろう。

ある人が「失礼ですけど、哲学者の加藤先生ですか?」と話しかけてきた。

「そうです」と答えると、前に座っていいか、といってきた。周りの人は「どうぞどうぞ」ということで僕の前の席をあけてくれた。そして二人で話がはじまった。

するといささか驚いたことに、「さきほどから見ていますと、皆さんといかにも楽しそうに話している。しかし、それでは、一体自己はどうなってしまうのですか？」といいだした。

「先生は哲学者でしょ、それがテレビのディレクターと楽しそうに話しているのは理解できません」と主張した。

僕はその当時、横浜に週一度出かけていって、海を見て、横浜にあるテレビ局に出演して、そのあとで関係者と中華料理を食べて、コーヒーを飲むことを楽しみにしていた。ところが、これがけしからんという。その人はどうも〝自己〟というのは完全に他人と切り離されていると考えているようであった。

しかし僕にしてみれば、自己というのも他者との関係性の中にしかないのである。つまり、そうして皆と楽しく話していることの中に、初めて自己があるようにしか思えないのである。しかしその人は、そうしたことの中には自己喪失しかないと主張する。

むしろ僕は、世界に対して自己をかたくなに閉ざした時こそ自己喪失だと思う。そしてその時こそ「一体自分は何のために生きているのだろうか？」という人生の無意味感に悩まされはじめるのだと思う。

自己とは何か、自分はどう生きるのか、自分の存在証明は、自己探求、等と自己を追い求めて自殺した人たちの日記を見てみるがいい。どこをとっても、自分は他人のために何ができるか、という視点がない。どこまでいっても自分、自分なのである。まるで自分、自分と叫ぶ姿は水を求めて砂漠に出たような姿である。世界にむかって自分を開けば、そこに自己があるものを、世界に背をむけてしまったのである。

ヘーゲルが「最高の自由は最高の共同である」といっている。自由とは決して、他人と関係をなくすことではなく、他人と関係することなのである。マルクスが労働を重んじたのも、労働の中に他者との関係が実現しているからである。保守のチャンピオンのようにいわれるヘーゲルも、革新のチャンピオンのようにいわれるマルクスも、共に他者との関係なくして自由を考えてはいない。

もし自由をそのように考えないならば、自由とは何と空しいことだろうか。

人間関係の希薄な人の考え方というのはどこか歪んでいる。非常識のところが多い。それは常識に意味を与えるのは共同体だからである。つまり人間関係の希薄な人は常識に意味を見出すことができず、生きていることの根拠を失っていて理屈がさきばしる。

死を直前にした娘の誕生日に棺《ひつぎ》をプレゼントした人がいる。理屈は「プレゼントは役に立つものがいい」ということである。精神的な共同体を持たない人の理屈というのは、このような理屈なのである。

ところが当の本人は、自分のやることは大変理屈が通っているが、周囲の人のやることは理屈に合わないと信じている。そしてその自分の理屈というのは、生きることは空しい、という前提の上に立った理屈だということには気づこうとしないのである。

他の人間が、そのようなことをしないのは生きることは素晴らしいという前提があるからであろう。

ところが不幸なことに、時にこのような意味を失っている理屈をいう人間が妙にインテリとか秀才とかいわれている場合がある。逆にそのような理屈をいわないで張り切って生きている人を馬鹿という風潮もある。

さきにも書いたように、ある有名大学の学生が、「張り切っている奴ってマンガだよな」といって皮肉な冷笑をうかべた。たしかに張り切っている人間は今ではマンガの世界にしかいなくなったようであるが、よく世の中を見れば決してそうではない。素直に張り切っている人間もいる。張り切っている人間をマンガと皮肉をいう人は、劣等感が強くて自信がないので、他者との交流がうまくいっていないだけである。彼にはただ顔見知り程度の知人はいても、親しい友人はいない。

外に心を開かない自己防衛的な姿勢

受け身の人は他人に見せるための行為が多い。格好よさ、というのは他人を意識したものであるから、受け身の人間が求めるものである。

自分が受け身の人間であるか、能動的な人間であるかの、ひとつのメルクマールは、他人に見られない、知られない、評価されないことにどれだけ情熱を持てるか、ということである。しかも自閉症のように共同の世界から自分の心を閉じてしまうのではなく、常に共同の世界にむかって自分の心を開いているということである。そういう人は能動的な人なのであろう。

どんなに静かな人でも他人と一緒にいることが楽しい人は能動的な人である。他人とのつきあいを楽しんでいる。仲間といると時のたつのを忘れる、しかもまた、自分一人の世界をも持っている人は能動的な人である。

受け身の人は、共同の世界にむかって自分の心を閉ざすと同時に、自分は心を閉ざしているのだぞ、ということを他人に知らせたがる。自分の内に何もない人ほど、外へむかって自分を閉ざそうとする。

それは外にむかって自分を閉ざすと、何か〝自分〟があるような気がするからである。

「そんなことをしていたら、自分がなくなってしまう」と、自己喪失を怖れている人はもともと自己のない人に多い。

他人と一緒になって楽しく酒を飲んで騒いだからといって、べつに〝自己〟がなくなるわけではない。他人と一緒に馬鹿をいっていたからといって、べつに自己がなくなるわけではない。

劣等感の強い人は、相手と心がふれあうことより、もてはやされることを求めてしまう。相手が自分をどう大切にしてくれるか、ということばかりに気をとられていて、相手の気持ちに無関心になる。

相手に馬鹿にされないぞ、ということばかりにエネルギーを使ってしまって疲れてしまう。相手に自分の欠点をさとられまいと防衛的な姿勢になる。そのような姿勢になることで、自分の周囲の人間は自分の欠点を知ろうとしているように感じるようになってしまう。そして自分に親しみを持っている人さえ、自分の欠点を知ろうとする敵のように感じてくる。結果として、すべての人を敵にまわしてしまう。

防衛的になっている人は、自分の欠点を知ろうとしている敵が実際どのくらいいるか、紙に書き出してみるとよい。案外誰もいないのではないか。

もしいないとすれば、外にむかって自分の心を開いて一体どんな損があるか、考えてみるがいい。どんな困った事件が起きるか、これまた紙に書き出してみるがいい。

恐れている気持ちにウソはなくても、恐れる必要のないものを恐れているということが多い。

もし、自分の欠点を知ろうとする敵の名が何名か書けたら、その敵の行動について書いてみるがいい。立派な人か、くだらない人かすぐにわかるだろう。

自分が防衛的になって心も体も固くしてしまったのは、自分を守ることばかりに気をとられて、外の世界に関心を失ったからである。外の世界を見れば自分を守る必要のないことがわかってくる。

他人に自分の欠点を知られまいと防衛的になったのは、周囲の世界に対する無知からである。裁判所が判断を下す時、事実を集める。同じようにわれわれも何かについて判断をする時、事実を集めることである。事実を無視するから、自分の欠点を知られまいと防衛的になり、外に対して心を閉ざしてしまう。そして閉ざしたことで自己が形成されたと勘違いする。

他人を拒否することで自己を形成しようとする者は、心と肉体の不快な緊張をまぬがれることはできない。そして高度に緊張した生活の結果、胃を悪くしたり、頭痛がしたり、いつも疲れていたりする。

そういう人は、自分のエネルギーを使う焦点を変えることである。自分の欠点を知られまいとすることにあっていた焦点を、他人はどんな気持ちで生活しているのか、ということに移すことである。

失敗を恐れるから空しくなる

今の若者が虚無感を持っているとすれば、それは自分が虚無感を味わうように生きているから虚無感を味わっているにすぎない。行動の選択の仕方を変えれば、空しさよりも理屈ぬきの喜びが自分の人生にもあったことを知るだろう。

失敗したらどうしようと、それを考えてバットを振らないタイプの人間がいる。逆に失敗したらなどと考えるより、とにかく打つことに集中するタイプの人間がいる。そして空しさを味わうのは、失敗したらどうしようと不安になるタイプである。しかし空振りを恐れたらバットは振れない。

そして失敗を恐れている人間は、実は失敗したら他人は自分をどう思うか、ということを恐れているにすぎない。つまり、他者との温かい心の交流を持っていない人なのである。失敗したら仲間に迷惑がかかって悪いと思うタイプは打つことに集中する。

アメリカの選挙の投票の研究によるならば、集団に属している人のほうが棄権は少ない。つまり客観的に見れば同じ一票であっても、その一票をある人はくだらないと感じ、ある人は有効と感じる。そしてくだらない、無力だ、と感じるのはやはり人間関係の希薄な人なのである。

人間はケガをした時、「痛い！」と感じる。この痛みはその時は猛烈なリアリティーである。しかし、しばらくしてみれば案外忘れている。それに比べて、スポーツの試合で勝ったり敗けたりして友達と青春の涙を流した時の感動は、そう簡単に忘れるものではない。自分一人で感じた肉体的な痛みより、共同の作業の中で味わった感動はさらに大きなリアリティーなのである。

他者との交流が人間に生きる意欲を湧かせ、生きている意味を味わわせてくれる。主婦だって、お昼ご飯を一人で食べる時は、「ご馳走つくるのめんどくさい」といって昨日の残りものですまそうとする。しかしおいしいおいしいと食べてくれる家族がいれば、料理をつくることは空しいことではない。五億円儲けてもおみやげを買ってかえる子供のいない人と、五百円しかなくても、おみやげを待つ三歳の子供のいる人では、やはり五百円しかない人の方が、毎日が張りがあるのではなかろうか。

生きる意欲とか生きている意味というのは、社会的に孤立している人間には期待できない。

人間は孤立していると社会への興味を失い、参加への意欲を喪失する。

参加しないことでさらにあらゆることへの意欲を喪失するという悪循環におちいる。人間の意欲をかきたてるのは集団活動である。

人生が空しいと感じた時、何より大切なのは元気な人々の間に入っていくことである。その元気な人々が自分に生きる新鮮な意欲を吹き込んでくれる。

空しさを味わっている時、人を避けることだけは避けなければならない。

第二の法則 どんなときにも希望を持ってあたること

〃どうせ結果はわかっているのだから〃という言いわけ

第二に、希望という前提に立って行動すること。「どうせやったって、駄目に決まっている」というような考え方は、人間をいっそう受動的にしてしまう。

人間は、希望を持っているから人間なのである。人間のひとつの定義は、ホモ・エスペランス（Homo esperans）——希望する人——であろう。

「やったってしようがない」と思いはじめると、何をやってもしようがなく思えるものである。

「ごちそうを作ったってしようがない」と思える時がある。同じように、部屋をきれいにしたってしようがない、身なりをきちんとしたってしようがない、と、何事に対してもやる気がなくなってくる時がある。

しかし部屋をきれいにすると、「さあーやろう」という気も出てくる。何かをやめてしまえば、よけいやる気をなくすことになる。逆に行動しているうちに希望は出てくる。

またひねくれた若者がよく「やったって結果はわかっていますよ」と、自分の無力感に対して言いわけをする。そしてやはり同時に張り切っている人間を冷笑する。しかしこの

「結果はわかっている」という理屈も、意味を失った理屈なのである。人生はどんなに長くたっていつかは必ず死ぬのである。結果はわかっているといえば、はじめから人生の結果はわかっている。

昔よく山に行っていた頃、「男なら、生まれてきた時ァ裸じゃないか、死んで行くにも裸じゃないか、生きている間にひと仕事、男ならやってみな」という歌をよく歌った。べつにこれは男でなくても女でも同じである。結果がわかっているといういい方をすれば、すべてはどうせ死ぬのだから、となろう。

しかし意味のある理屈というのは、だからこそ「生きている間にひと仕事」なのである。

日本には意味を失った理屈を主張するインテリが多すぎる。山に登るのだって「どうせ降りてくるのだから」といえば元も子もない。偉大な人間は「そこに山があるから」と登るのである。この登山家と空しさを口にする人とは生きている前提が違う。精神的共同体を失った人間にとってもっとも都合のよい自己弁護が、この元も子もない理屈なのである。

それでは「どうせはく息だから吸わない」とでもいうのだろうか。道を歩いていてころんだら、「あーあ、十年前にころんだ時、立ち上がらなければよかった」とでも思うだろうか。

希望を捨ててはならない

日本人は毎年暮れになれば「忠臣蔵」を見る。結果はわかっていても見る。そして時には何回でも同じところで涙を流す人もいる。結果がわかっていながらなお戦うところに人間の偉大さとゆとりがある。

七十歳の斎藤別当実盛は、最期と決めた戦闘をまえに白髪を墨に染め、老いの身を錦にかざって討たれにいった。どうせ結果がわかっている、という皮肉な現代の若者といかに生きる前提が異なっていることだろう。昔の武士は死を大切にした。それが精神のゆとりでもあり偉大さでもある。死にさいしての念の入れ方にはどこをさがしても現代人の味わっている空しさはない。現代人の味わっている空しさというのは、いわゆる無常感とは異なっている。しかし、これは何も日本の武士だけではない。「イリアス」のなかにあらわれる勇将ヘクトールもまた同じである。負けを覚悟で、戦闘に出かけていく。わかっている結果を見事に演じるために戦闘に出かけていく。

結果はわかっていますよ、と冷笑する皮肉なうす汚れた現代の若者と、負けを覚悟で戦闘に出かける勇将と、どちらが空しさを味わっているだろうか。

「結果はわかっていますよ」という若者は、冷笑と拒絶によって自己を形成しようとしているのである。その自己形成の仕方こそやがて完全な失敗であることがわかる。

第二次世界大戦で日本軍の占領している中国・上海地区に空襲をかけにきた一機のサンダーヴォルト型米軍戦闘機が日本の対空砲火によって撃墜された。ところがそのパイロットの操縦席から数枚のクラシック音楽のレコードが見つかったという。決死の戦場にレコードをつんでくる兵士の生き方と、今の日本の無力感にうちひしがれた若者と比べて、人々はどちらが生きることを大切にしていたと思うだろうか。

源義家は箙《えびら》に桜の枝をさして戦ったという。それなのに「ボトルの底にちょっとウィスキーが残っている、それだけの人生ですよ」といった若者がいる。そのちょっと残っているウィスキーを明日飲もう、という、そのかすかなことをアテにしながら生きているというう。

僕は何も、戦時中のほうがいいなどといっているのではない。平和な時代の中で「結果がわかっていますよ」と自分の怠惰を弁護している若者に、死がわかってなおこのように生きた人もいるのだといいたいのである。

そしてそのように生きた人から見れば、今のような平和な時代は決して結果はわかっていないと見えるのではなかろうか。やってみなければ結果はわからないのである。

今述べたように、若い人たちはよく「やったってしようがない、結果はわかっているじゃないですか」という現実に対する無力感を表明する。しかし、この悲観論は決して現実に挑戦した結果として出てくる悲観論ではない。現実を自分の側から眺めて、現実はこうだと決めたことで出てきた悲観論である。現代は現実ととりくむまえに、現実についての情報が与えられる。

そしてその情報にもとづいて行動すると、行動の結果は、その情報の正しさをより確信させるということになる。

現在の若者の現実に対する無力感、悲観論は、若者に対する現実の反応であるよりも、若者がいかに現実に対して行動するか、によって生まれてきたものである。

彼の行動が彼自身の認識を歪めてしまう。

大切なことはまず現実に対して決めてかからないことである。今まで現実を決めてかかっていた人は、考え方を変えること。次にその変えた考え方にもとづいて行動してみることである。

「結果がわかっている」から希望を捨てたのではない。希望を捨てたから「結果がわかって」しまったのである。

どんな時にも希望を捨ててはならない。希望を捨ててしまえば、事態は一層悪くなるだけなのである。希望を捨てないで行動していれば、いつか必ず明るい時がくる。希望は自分自身を変えていくのである。

小さな発見を一つずつ育てていく

希望を持つことは人間であることの根本的条件である。人間がすべての希望を捨てたら、人間性を捨てたというのと同じである。

自分の人生を諦めた時、それはいっさいの可能性の放棄である。人間は「自分はこうだ」と思っていることと、だいぶ違っているかもしれない。自分は人間嫌いだと思っていても、ほんとうは他人と一緒にいることを楽しめる人間かもしれない。それは単に、そのような能力が開発されていないから、「自分は人とつきあうのが下手だ」と決めこんでいるだけかもしれない。

何ごとについても、決めこむことは避けなければなるまい。自分についても、人生についても。

たとえば、三十歳までいろいろ悲しい事件の連続だったり、不運の連続だったりすると、生きることは悲しいことだと決めてしまい、なにか新しく挑戦することをやめてしまいがちである。

三十歳までは不運であったが、四十代になったら急に好運に恵まれるかもしれない。不幸な結婚生活をしている人は、「どうせ結婚なんて辛いばっかりだ」とか、「どうせ男なんて誰だって同じだ」とか、諦めてしまう。しかし、諦めなければまた素晴らしい男性に会い、第二の幸せな結婚生活ができるかもしれない。

人生や自分を諦めた人間は魅力がない。みずから進んで可能性を捨てたようなものである。人間はいくつになっても、自分について意外な発見があるものではなかろうか。「へエー、こんなことといままで楽しいと思ったことなんかなかったのに」と思うことがあるに違いない。その小さな感情を大切に育てることであろう。自分は内向的であると思っていたのが、ふとある会に出席して、自分の意見を述べてみた。そのとき、自分の意見を持つということはこんなに楽しいことなのか、自分の意見を持つことで、こんなに生きることが確実に感じられるのか、と驚くかもしれない。

今までは、とにかく他人の顔を見て手を上げてきたのに、ふとしたことで自分の意見を持ったとき、いままで味わったことのない異質の喜びが胸に湧いてくるのを感じる。そのような喜びは、どんなに小さくても大切に育てなければならないであろう。その小さな喜びをきっかけにして、人は少しずつ変わっていくかもしれない。

三十歳までに人生のすべての喜びや悲しみを味わいつくした、などということはけっしてあるまい。希望を捨てたときが人生の終わりなのである。希望を捨てたとき、地獄の門に入ったと思わねばなるまい。

動物のなかには、動物園に入れることはできても、繁殖しなくなる動物がいるという。また、自由なときはおとなしいのに、動物園に入れると乱暴になる動物がいるという。われわれ人間だって、自分の欲望から性質まで、ある程度は環境によってつくられていよう。専制的な父親に育てられたから、強度のナルシシストの母親に育てられたから、受験一辺倒の高校で勉強したから……、なにかいろいろな今までの人生のなかで、自分はつくられてきたのである。専制的な父親への反応、ナルシシストの母親への反応、受験への反応、さまざまなことに自分なりに反応して、自分をつくりあげてきた。しかし、それはあくまでつくりあげてきたのであって、その自分は運命的に決定されているわけではない。

今新しい環境のなかで新しい反応を示すことによって、新しい自分ができ上がるかもしれない。だからこそ、自分を決めてしまってはいけないのである。

自分にレッテルを貼ってはならない。すぐにレッテルを貼りたがるのは幼稚な精神である。レッテル——人間の心はこのトリックにおちいりやすい。レッテルは現実に対する解釈であるが、今大切なのは解釈ではなく行動なのである。

第三の法則 自分だけの大切なものを見つけること

他人にすがるのはやめよう

第三に、自分にとって大切なものは何か、ということである。

「吹けば飛ぶよな将棋の駒に賭けた命を笑わば笑え」という歌があるが、大切なことは、自分にとっては何が大切かということである。

他人が大切と思っているものではなく、自分が大切と思うことである。そのようなものを持てるか、持てないかで、おおいに人間は変わってくる。そのようなものを持てる人間は強くなれるし、持てない人間はどうしても不安であろう。

それを持つためには自分を卑下してはならない。自分を卑下していると、どうしても自分のやっていることが不安で、他人の目を気にしてしまう。そしてそのためには、自分を卑下するような言葉は使わないことである。自分のことを、デブとかノッポとかいうことは、自分の精神に悪い影響を与える。

そして、あまり自分と他人を比較しないことである。人間はそれぞれ違うのだから、「あの人はどうだろう……」などと思っていると、自分の個性に気がつかないことになる。

他人にとってつまらないことでも、自分には面白いことがあるのだから。

他人に自分の価値を認めさせようとしていると、自分にとって大切なものが見つからなくなってしまう。他人に自分を印象づけようと熟慮していると、自分の感情は欺瞞に満ちてきて、結果として自分の個性を見失うのである。

われわれは他人にすがるから、他人にすがらないと生きていけないような気持ちになる。

小さな子供は、実際自分にできることでも母親にやってもらうと、次には母親にやってもらわないといられなくなる。他人にすがって自分の価値を認めてもらおうとすると自分の感じ方を発展させられなくなってしまう。他人にすがるのをやめて自分の感じ方を発展させていけば、自然と自信もできてくる。他人に頼って自分の価値を証明しようとしなければ、自然と自分にとって大切なものが見えてくるのではないだろうか。

他人に頼って自分の価値を証明しようとしていると、他人はべつに自分にある感じ方を強制しているのではないのに、自分で自分にある感じ方を強制することになる。

自分で自分を縛ってしまうのは、自分の価値を信じられないからである。自分で自分を縛れば縛るほど、自分が自分を嫌いになる。

第四の法則 欲望、苦痛を相対化すること

直面する困難を絶対視するからノイローゼになる

ある不眠症の人が次のように語っている。大学の頃、不眠症にかかりいっこうに眠れない。遂に病院に入院したが、それでも治らない。どんなに立派な睡眠薬を飲んでも駄目だった、という。

諦めて会社に就職した。もちろんそれでも治らない。医学的に見てもらっても治らない

という事実は、その人にはショックだった。そして、どうせ駄目なんだからと、睡眠薬は飲まなくなってしまったという。

そして、これではどうしようもない、一生不眠症でいくより仕方がない、と諦めた時から眠れるようになったという。

ところで、この人について少し考えてみよう。おそらく不眠症といわれる人の治り方としては一般的なことだと思う。

不眠症に苦しんでいる人は、自分の苦しみを絶対のもののように思っている。だいたいにおいて情緒的に未成熟な人間は、自分の直面している困難を絶対的なものとして体験する。つまりこの場合でいえば、不眠症である限り生きていけないように思っているということである。

ある良家のお嬢さんがわがままほうだいに暮らしていた。突然両親を失って働きに出たけれど、毎日泣いてばかりいた。働いても食べることさえ満足にできず、毎日自殺を考えはじめるまでになった。

ところが、ある日、何も食事を三度しなくたって人間は生きていけるのだ、一度だって生きていけるのだ、と開き直りの気持ちが出てきて、元気になってしまった。

自殺を考えたり、メソメソしている人は、自分がさらされている困難を絶対的なものと感じる。それは、ノイローゼになる人をみればはっきりする。失恋でノイローゼになる人間は、失恋がこの世で最も苦しいものと思っているし、両親がいないでノイローゼになる人間は、両親がそろってなければ生きていけないと思うし、大学受験に失敗して自殺する人間は、目的の大学に入らなければ生きていけないと思う。

自分がさらされている困難をどうしても絶対視してしまう人は、ノイローゼになったり、自殺を考えざるを得なくなるだろう。

さて、はじめの不眠症の人の例であるが、この人は不眠症を治そうとする、そして不眠症であれば生きていけないように感じたのである。

ところが、一生不眠症のままで生きていこうと諦めて治ったという。つまり、不眠症という自分がさらされている困難を絶対なものとして体験しなくなった、ということであろう。

そしてさらにこの不眠症の人は、どうせ飲んでも治らないのだからと睡眠薬をやめてしまった、という。それまでこの人をとりこにしていたのは、不眠症から治りたいという欲求である。睡眠薬をやめたということは、この欲求を断念したことである。欲求の断念とは、その欲求にとりこまれている自分を棄てるということである。その欲求を離れては考えられない自分を棄ててしまうということである。その欲求を離れては考えられない自分を棄てるということは、その先どうなるかわからない世界へ自分を投げ出したことである。

不眠症に苦しみつつも、不眠症を治そうとしている限り未知への恐怖はない。不眠症が治ったら、その人生はどういう人生かその人にはわかる。しかし、それ以外の人生は、一体どんな人生なのか見当もつかない。恐ろしいほどの困難と不快の人生かもしれない。未知の世界へむかって自分を投げかける決断が、つまり欲求の断念なのである。

この不眠症の人が、睡眠薬を諦めてやめてしまったのは、欲求の断念でもあり、別の面からいえば、未知の世界へむけての決断でもあったのである。

なぜ〝あるがまま〟に生きられないのか

ノイローゼでよくいわれる、森田療法というのがある。つまり、苦しいことは苦しいこととして怖いものは怖いものとして、そのまま受け入れていくより仕方がない、という方法である。そして、あるがままに人生を受け入れて、やるべきことをやっていくということとが大切である、という療法である。

ただ、ノイローゼになりかかっている人間にしてみれば、苦悶は苦悶として受け入れる、といわれても、なかなか口でいうはやさしく、実行は難しい。

苦悶を苦悶として受け入れられないから、ノイローゼになっているのである。誰も好きこのんでノイローゼになっているわけではない。

それは、「決断ができない」からなのである。欲求の断念と新しい世界への決断とは、表裏をなしていることを理解することは大切である。

つまり、欲求を断念しよう、断念しようとしながら（＝眠れなくてもいいやと思おうとしながら）欲求を断念できないのは、決断できないでいるということなのである。欲求の断念は、どうなるかわからない次の広がりへ自分を投げかけていく決断でもある。

また、〝あるがまま〟でいい、とよくいわれる。ところが、あるがままでいい、といわれても、あるがままでいられないから本人は苦しんでいるのであろう。

あるがままでいいといわれて、あるがままになろうとすることは、すでに、あるがままではない。そこには〝はからい〟の心理が働いている。

〝あるがまま〟になろうとした時、それはすでに〝あるがまま〟ではない。そうなれば、あるがままでいいといわれても、どうしていいかわからない。

ある朗らかな女子社員がノイローゼ気味になった。

この女性社員の朗らかさにはもともと、どこか不自然なところがあった。それは、この女性社員が女性は朗らかでなければならない、朗らかでなければ嫌われる、と思っていたからである。朗らかさへと彼女は強迫されていたのである。朗らかで明るい笑顔のたえない女性、という理想像に彼女は執着していた。

この時、この人に、〝あるがまま〟でいいといってみても、この女性社員はどうやって、あるがままにしていいかわからないであろう。

この女性社員はもともと、無理して朗らかにしているのである。あるがままの朗らかさではない。朗らかでいようというはからいの気持ちで朗らかにしているから、表面は朗らかでも内心は辛くてしようがない。

この女性社員が、あるがままになれないのは、もともと、他人に好かれたいという気持ちが強いからであろう。他人に愛されるためには朗らかでなければならない。そう思ってつとめて朗らかにしている。

あるがままとは、つとめなくてよい、ということである。朗らかにしていなければ愛されない、と信じている人に、あるがままになれ、といっても無理である。

もちろん、この女性社員もつとめて朗らかにしている以上辛い。そこで、できればもっと気が楽になりたい。

あるがままになれないのは、欲求が断念できないからである。他人にチヤホヤされたい、という欲求が断念できないからである。欲求が断念できないのは、決断できないからである。

他人にチヤホヤされない新しい世界、この女性社員にとっては未知の世界、その未知の世界に怖くて入っていかれないから、いつまでたっても他人にチヤホヤされたいという欲求を断念できないのである。

未知の世界へ自分を投げだす決断こそが、欲求の断念に必要である。

つまり、〝あるがまま〟になるために必要なことは、決断なのである。

新しい世界へ自分を投げ出す決断

人は決断を通してこそ、はじめて〝あるがまま〟になれる。決断を通してあるがままにすべてを受け入れることができる。

〝あるがままになろうとすること〟は、〝あるがまま〟ではなく〝はからい〟である。それは、あるがままになることによって救われようとしていることであり、いまだ自分を苦しめている欲求の断念ができていないからである。

この女性社員にしてみれば、自分の自然な姿はそれほど朗らかで笑顔をたやすことのない性質ではない、と知って、ではどうすればいいか、ということになる。

あるがままでいい、つまり、つとめて朗らかにしていようとしなくてもいい、自然に朗らかになればいい、自然と笑顔になれる時笑顔になればいい、そうは思っても、なかなかそうはいかない。

それは自分が、朗らかに笑顔をつくっていない世界で、他人が自分にどう反応してくるかが怖いからである。つまり、新しい自分に対して他人が新しい反応をする世界へ踏み出す決断ができないことである。

どんなに〝あるがまま〟になろうとしても、あるがままになれるものではない。〝あるがまま〟に至るためには、どうしても決断を通過しなければならない。

そして、実はこの決断こそが、現実と自分との接触なのである。現実との接触、つまり生き生きとして自分の生を感じることができることである。それまではナルシシズムの世界にいるにすぎない。

ノイローゼになる人間は、自己中心的な甘えを脱け切れていない、というのも同じである。

つまり、不眠症の人間が眠りたい欲求、不眠症を治したい欲求を断念できないのは、決断への訓練ができていないからである。

たとえば、小さい子供があるオモチャを欲しがったとしよう、少年がオートバイを欲しがったとしよう。

その時欲しいものは何でもすぐに買ってやる親もいるし、買ってくれない親もいる。必要に応じて買ってやる親もいる。

さて、今ここで、欲しいものは何でもすぐ買ってやる親を考えてみよう。子供からみれば、欲求を断念する機会にはめぐりあわない。つまり甘やかされて育っている子供である。

この子供は、欲しいものは何でもすぐ手に入ることによって、自分の欲求を断念することはない。つまり、欲しいものが手に入らない世界へ自分を投げ出す決断の必要はない。欲しいものが手に入らない世界で、生きていく決断をする機会は一度もない。

オートバイが欲しい、しかし今親がオートバイを買ってくれないとすれば、オートバイが欲しい自分を棄てなければならない。そして、オートバイのない世界で生きる決断をしなければならない。

買ってもらえない時、いつまでもオートバイが欲しい、オートバイが欲しい、とゴネている子供がいる。オートバイを断念して、オートバイのない世界で新しい生き方を探していこうという決断ができない子供である。

いつまでもグズグズしている子供は、甘えている子供と誰の眼にも映るであろう。しかし実は、このいつまでもオートバイのことにかかずらわってゴネている甘えた子供と、不眠症の人とは、心理的に共通したところがあることを知るべきである。

いずれも新しい未知の世界へ自分を投げ出していく決断ができないでいるのである。

このように甘やかされて育った人間は、欲求の断念を強いられる未知の世界へ自分を投げ出す訓練をされていない。

そして大人になってしまう。環境は子供の時とは異なる。そうなればノイローゼになっていくしかないであろう。自分は昔の自分にしがみついているのに、自分をとりかこむ環境はどんどん変化しているのである。

ノイローゼになる人間が自己中心的な甘えを脱け切っていないということは、甘えた子供は小さい頃から欲求の断念と、新しい世界へ自分を投げ出す訓練をされていないということである。

〝自分の願望の実現なしに人生はあり得ない〟!?

さて、さきに情緒的に未成熟な人間(＝神経質な人)は自分のさらされている苦しみを絶対的なものとしてしまうと述べた。自分が胃の病気になれば、この世で最も苦しいのは胃の病気だと思う。それほどまでに苦しみは主観的なのである。頭痛に悩まされれば、私のこの苦しみは味わった人でなければわからない、と例によって自分のさらされている苦しみを主観的にとらえて絶対化してしまう。

情緒的に未成熟な人は客観的にみれば何でもない苦しみにさらされながらも、自分ほど苦しい人はいないと主張する。ひどいのになれば、この世で苦しいのは自分一人であるということさえ主張しかねない。このように、自分のさらされている苦しみを相対化、客観化できないのは、未知の世界へと自分を投げる決断ができないからだと述べた。

さて、今ここにおいて自分のさらされている苦しみを相対化、客観化できないものは、同じように自分をとりこにしている欲求を相対化、客観化することもできない。

たとえば、自分は〇〇大学に入りたいという欲求を持つ、あるいは、自分は〇〇会社に就職したいという欲求を持つ、あるいは自分は何歳までに部長になりたいという欲求を持つ、あるいは自分は別荘を持ちたいという欲求を持つ……このように、オートバイから別荘まで、さまざまな成功への欲求を持つ。

そして情緒的に未成熟な人間は、その欲求の実現なくして、生きていくことはできないと思ってしまう。つまり、自分の欲求を相対化、客観化できない。

不眠症で苦しむ人間は、この苦しみがある限り生きていけないように感じて、何とかして不眠症を治そうとする。つまり、今ここにおける自分の苦しみを相対化、客観化できない。

不眠症であるなら、このさき生きていけないように感じるのは、自分の苦しみを主観的にとらえ、絶対化していることである。自分の苦しみを相対化、客観化できていないことである。

逆の欲求についても同じである。オートバイを欲しいという欲求を持つのはいいとしても、べつにオートバイのない青春があり得ないわけではない。しかし、情緒的に未成熟な人間は、オートバイが欲しいと思うと、オートバイなしの青春はあり得ないと主張する。

べつにルイ・ヴィトンのハンドバッグを持って銀座を歩くことだけが人生ではない。しかし、ルイ・ヴィトンのハンドバッグが欲しい、と願う虚栄心の強い女性は、銀座にある会社に勤めて、ルイ・ヴィトンのハンドバッグを持たなければ人生でないように思う。それでなければ生きている意味がないと思う。つまり、自分の欲求を相対化、客観化できないのである。

人間はさまざまな欲求を持つ。しかし、その欲求の実現なしに他の人生はあり得ないわけではない。ところが、人によっては、今ここにある自分の欲求の実現なしに人生はあり得ない、と思ってしまう。虚栄心の強い人、神経質の人、つまり情緒的に未成熟の人はえてして、自分の欲求を相対化、客観化できない。

ところで、相対化、客観化できない欲求には、必ず他者の視線がからんでいる。人が失敗を不必要に恐れるとすれば、それは失敗した自分を他人がどう思うかと思いわずらうからである。

同様に、相対化、客観化できないほど成功を望むとすれば、それは成功したら成功した自分を他人がどう見るか、と期待するからである。

他人が自分の成功や失敗をどう思うか、とわずらわないならば、人は案外自分の成功への願望や失敗を相対化、客観化できるのではなかろうか。

青年は野望を持つべきだ、ただし…

成功することはひとつの生き方であると感じることのできる人は、自分の成功への願望を相対化、客観化できている人である。社長になることだけが人生ではないし、大臣になることだけが人生ではない。

しかし人間は願望を持っていいのである。成功への野心が人を動かしていいのである。大切なことは、その自らの野心を相対化、客観化することである。

自分の野心を相対化、客観化できない人は、殺人を犯してでもその野心を実現しようとする。その野望の実現なくして人生はないと思っているのだから。

明治以来、末は博士か大臣か、と少年は野心を持った。そして戦後は、逆にそのような立身出世主義はよくないと批判された。そのために、青年は今ここにある自分の野望を否定する。そんなことはくだらないことだと世の人はいう。

しかし、野望を否定することと、野望を相対化することとは違う。この点は大切である。青年は野望を持っていい、いや持ったほうがよいかも知れぬ。自分の野望を否定する必要などどこにもない。

大切なのは、その野望の実現だけが人生だと信じないことである。その野望を実現しなければ生きている意味がない、と思わないことである。社長になることだけが人生ではない。「俺には俺の人生がある」このように自分の野望を相対化することが大切なのである。

かつての立身出世主義の批判の風潮は、いつしか、社長への野望の否定になってしまった。そんな野望を持たないことが、まるで立派な人であるかのごとくである。

俺は社長になりたい、と青年は願えばいいのである。ただし、社長にならなくて何の人生、と思ってはならないということである。

青年は野望を持つのがよい。しかし条件はその野望を決して主観化、絶対化してはならないということである。

社長になりたいという欲求を主観化、絶対化した時どうなるか。もしその人が社長になれない場合、極端なケースとしては自殺である。通常、世をすねる。妬み深い人間になる。もし社長になれた場合、どうなるか。社長になれない人間を軽蔑する。

逆に自分の野望を相対化、客観化できながら、野望に燃えた人間は、成功しても、失敗しても、「自分は生き切った」とそう思うのではなかろうか。そのような人は燃え残りのないカサカサの灰にまで生き切った人間の快感を持つのではないだろうか。

人は自分の野望を相対化できているから、心おきなく燃えに燃えることができる。失敗したらどうしようとか、成功したら皆がどう見るだろうとか、よけいなことを考えないからこそ、人はただ一途に燃えることができる。

不機嫌な人間は、自分の中にある強い心理的欲求から眼をそむけているのである。不機嫌な人は自分の中にある潜在的欲求を確認することが、まず必要なのである。

マキャベリは、人間の本質は「野心と貪欲」であると述べたが、これらのものは自我によって受け入れ難い欲求である。それ故に心の葛藤の構造を色取ることになる。幼児期から少年期にかけて、どのような自我の理想像を形成したか、そしてその自我が親子の間でどのくらい本人にとって強固になっているかによって、さまざまな葛藤の程度が出てこよう。

その自我にとって受け入れ難いものは、時に野心であり、貪欲であり、性欲であるだろう。問題は、その自我から何が排除されたか、である。ある人は社会的劣者を排除しているだろうし、ある人はお金を排除している。

大切なのは〝自分は正常だ〟と思うこと

ところで、自分の苦しみや欲望を相対化するということを別の面から表現すると、自分は正常である、と思うことなのである。

たとえば、何か悩みごとがあって眠られない時、自分だけが悩んで眠れないと思う人がいる。つまり、苦しみを相対化できない人である。しかし、悩んでいる時は誰だって眠れないのである。眠れない夜を過ごすのは何も自分一人ではない。

何もこの世の中で自分一人が苦しめられているということはない。悩みごとのある時、心配ごとのある時、眠れないからといって自分が特別な不眠症の人間ではない。

「自分は今夜、心配ごとで眠れなかった、しかし自分は正常である」

自分の苦しみを相対化できる人は、このように思う。

自分を苦しめているのは、眠れないという事実ではない。眠れないという事実を自分が不眠症であると解釈したことによって苦しんでいるのである。

眠れないという事実を、「どうして俺は眠れないんだろう」と歪んで解釈しようとすることで苦しんでいるのである。どうして俺は眠れないんだろう、といったって、悩んでいる時は誰だって眠れないのである。

眠れないという事実に「どうして俺は眠れないんだろう」という反応の仕方をするから苦しむのである。眠れないという事実に「自分は正常である」と反応すれば、それほど不必要に苦しむことはない。

人間は事実によって苦しめられるのではなく、事実を解釈する仕方によって苦しめられるのである。つまり、自分で自分を苦しめているにすぎない。

自分は心配ごとがあると眠れない、自分は緊張すると食欲がなくなる、それらの自分についての事実を歪んで解釈しないこと。「自分は正常である」という解釈をすることである。

誰だって緊張すれば食欲がなくなる。吐き気はする。吐き気がしたからといって「あーあ、私はどうして……」などと解釈しないことである。

なかには「やっぱり私は駄目な人間なんだ」と恐ろしくとっぴな解釈をする。そして、その解釈の結果、自分の劣等感を深め苦しむことになる。

もっとも、「自分は正常である」という解釈をしない人は、反省すべき点がある。第一に欲張りのところがある。そういう人は他人と同じでは満足できないところがある。そういう自分の傾向が、苦しい事実に直面すると、歪んだ解釈を生みだしてくるのである。

人は自分の本来の傾向を発展させていなかったりすると、どうしても欲張りになったり、他人と同じでは満足できなくなる。自分の本来の傾向を発展させるかわりに、他人と変わったことをやることで代理の満足を得ている者は、苦しい事実に直面した時、日頃の行動の結果として「私は正常である」という解釈がしにくくなっている。

眠れない夜を持った時、「自分は正常である」と解釈しようとすることである。そしてついつい「あーあ、どうして俺は駄目なんだろう」と解釈し、その解釈に苦しむ時には、次のように反省しなければならない。他人と同じ体験なのに自分がこんなに苦しむのは、日頃から自分は他人依存の傾向があるからだ、他人依存の言動をしているからだ、と。他人依存を断ち切り、自立を獲得するよう行動することが、事態の根本的な解決なのだ。

そのような人が反省すべきことは、自分は親からの精神的離乳は遂げているかということである。親は自分の子供がいつまでも昔のままであって欲しいと思う。その期待に応える行動を今までしていないか。はっきりと過去の自分と現在の自分とは違うということを親の前で行動で示しているか。それらのことで、自分が他人依存か自立しているかがわかる。

親は子供の変化を認めたがらない。部屋の中で過去の子供にむかって話している時がある。もし親と共同で何かをやる時、他の人と共同で何かをやる時と違って、特別な快感と特別な不快感があるなら、まだ精神的離乳は遂げていない。

あるいは、親と違った意見を主張することで何のトラブルも出てこないかどうか反省しなければならない。情緒的に未熟な親は、子供が自分と違った意見を主張することを許さない。

精神的離乳を遂げていないものはひとりで決断ができないし、悩みの相対化もできない。いまだに自分は〝特別な人〟なのである。

親にとって子供は常に〝特別な人〟である。精神的離乳を遂げていない者は、自分は一般の人にとっても〝特別な人〟であると感じる。

自己嫌悪の根をどこで断ち切るか

"自分が自分を嫌いになる"原因を追究する

自分をよそおうからいらいらする

ところで、次のようなことをしていると自分が自分を嫌いになっていく。

もちろん、自分を好きになる行動と自分を嫌いになる行動とは一つのものの裏と表のようなものである。

第一に、自分をよそおうことである。

毎日、なんだかわからないがいらいらしているというのでは、とても心豊かな日々とも、生き甲斐ある日々とも、いえないであろう。ところが、二十歳を過ぎても毎日いらいらして、すぐに不機嫌になる人がいる。そうした人は機嫌のいいときでも、なにか落ち着きのない不安定な感じがする。そういう人は陽気に振る舞っていても、どこかに不自然なところがあり、いつ止まって倒れるかわからない、まわるコマのような感じがする。

ひとくちでいえば、つねに〝よそおっている〟からである。ほんとうは生活が苦しいのに、苦しくないようによそおっている人もいれば、たいして頭がよくないのに、頭がよいようによそおっている人もいる。ほんとうは親戚に社会的地位の高い人などいないのに、いるように振る舞ってみたり、ある有名人と親しくもないのに、親しそうによそおってみたりする人もいる。

いろいろなよそおい方があるが、とにかくつねによそおっている人がいる。こういう人はつねに、ほんとうの自分の内には価値がなく、価値は自分の外側にある、という前提で行動しているのである。

頭がいいようによそおうのは、頭が悪い自分には価値がないと感じるからである。ところが、このように行動したり、いったりすればするほど、いよいよほんとうの自分には価値がないのだという劣等感を強めてしまう。

劣等感を持っている人は、すぐ他人の言葉に傷つく。他人はべつに傷つけようとしていったのではないのに、その人が勝手に、他人の言葉をかりて自分で自分を傷つけるのである。

自分が頭が悪いと劣等感を持っている人はたいてい、頭の悪い他人を馬鹿にする。しかし、このことは同時に自分を馬鹿にすることでもあり、いよいよ劣等感を強くする。

最近世界中で翻訳されている精神分析の本に、ジョージ・ウェインバーグという人の書いた『自己創造の原則』という本がある。僕はたまたまこの本を訳したのであるが、ジョージ・ウェインバーグは、人間の行動はその背後にある動機を強める、というのである。

よそおうのは、他人にどのようにか見てもらいたいからであろう。現実の生活が苦しくても楽なように見せる行動をするのは、そのように見てもらいたいという動機があるからであろう。そうすると、よそおうたびに、実は、そのよそおった動機を強めるのである。

よそおえばよそおうほど、他人から頭がいいと思われたい、とはげしく望むようになる。よそおえばよそおうほど、生活が楽だと思われたくなる。よそおえばよそおうほど、自分の子供は優秀だと思ってもらいたくなる。

これから豊かに生きようと思ったら、まず、よそおわないことである。よそおえばよそおうほど、内心はつねにいらいらしてくる。

自信のないことが言いわけになる

第二には、言いわけをすることである。

会うと、こちらが聞きもしないのに、言いわけをはじめる人がいる。「うちの長男はほんとうは私立の〇〇小学校に入ったんですけれど、たまたま試験の日に風邪をひいてしまったものですから」とか、「主人もほんとうはもう課長なんですけれど、上役がちょっとおかしな人でして……」とか、つねに何か言いわけしている人がいる。しかし、言いわけすることは前項と同様に、その人に自信を失わせる。

つまり、言いわけすることの前提は何かといえば、今の自分の状態は価値がないと感じているからであろう。さきの言いわけは、まるで、課長でない主人は価値がないかのごとくに感じられているからであろう。

そして、隣の奥さんやPTAの知人に、自分の主人はほんとうは課長になれた人間と思ってもらいたいということである。ところが、このような言いわけをするたびに、自分の主人は課長でないから価値がない、という感情を強め、またいっそう、課長になる実力のあった主人と他人から思ってもらいたくなる。

もちろん男性でも同じである。「この職業についたのは、たまたま〇〇新聞に入るつもりで、どこの会社も受けなかったんですよ。ところが新聞社の試験の当日風邪ひいちゃって、それでそのときには、もう大企業の試験は終わってるしねえ」などという男性がいる。この人もそういうことをいうたびに、自分のいまの職業はくだらないのだという感情を強めてしまう。

自分がこうなったのは……とつねに言いわけしていると、自尊の感情がなくなってしまう。これから豊かに生きるためには、第二に、言いわけをしないことである。

ご主人が帰ってきたとき、「晩ご飯の用意しているとき○○さんから長電話がかかってきて……」というような、なんでもない言いわけが、人生の根本的な態度になっていく。

ご主人に「今日のおかずの作り方失敗しちゃってごめんなさい。明日はもっとおいしく作るわ」といえるかいえないかが、より大きな、人生の基本的な生き方にもかかわってこよう。

失敗を失敗として認めること

僕の知っているある大学の先生は、ことあるごとにいかに大学の先生は素晴らしいかを主張していた。自分の奥さんに、自分の子供に、のべつまくなしに、大学の先生以外に職業はないような口ぶりをしていた。

まさに必要以上にほめていたのである。こういう人は、やはり自分の選んだ人生の誤りを認められない人なのだろう。

実はそばで見ていてわかることは、その先生は大学の教師であることが嫌で嫌で仕方がないのである。大学の先生がそんなに素晴らしいなら、その人はいつも大学にいて研究にも教育にも大学の行政にも立派な役割を果たしていいはずである。

しかし、その先生は実は大学で行われる会議にはことごとく欠席し、できる限り授業その他の教育は逃げてまわり、研究は発表しなければどうにもならない立場に追い込まれない限り発表しなかった。大学内の役職はすべて逃げてまわっていた。

まるでその先生は、大学を地獄と思っているのではないかと思うくらい、はた目にはその行動がひどく映るのである。その先生の行動の仕方はまさに大学を地獄のようにいみ嫌っていた。

しかし、大学の外では大学以外は逆にすべて地獄であるかのごとき発言を年がら年中していたのである。

「サラリーマンは嫌だよね、毎日会社行って嫌な上役に頭下げて」

「毎日ラッシュにもまれて安い給料でこき使われて、会社なんかに行くもんじゃないよ」

「商売っていうのも大変だよ、わずかのお金のために頭下げて……」

「そこいくと大学の先生は……」と口ではいうのだが、実際の行動は決して大学の先生の仕事を熱心にやっているわけではない。いや同僚は困っているといったほうがいい。そして大学の中で何か嫌なことがあれば「どこにだってこの位の嫌なことはあるさ」ということになる。

実はこの人、自分の選択した人生の失敗に直面できないでいるのである。何とか口実をもうけて、自分の職業選択は間違いではなかったと思い込もうとしているにすぎない。

自分の犯した失敗に直面できない人間は、自分の全人生を悲劇にしてしまう。

失敗を認められないならば、抑圧と強迫との間にあって無感動な毎日を送るより仕方がないだろう。

人生は辛いことは確かである。ただ耐えに耐えていかなければならないことも確かである。しかし、同様に人生は明るく楽しくもあり、また愉快でもある。

何か仕事のうえで辛いことがあると、それは克服しなければならないという時もある。辛いことがあるたびに仕事を変えていたのでは何もできない。どこに行っても、自分が好きになれない人がいる。どこへ行っても性に合わない人がいる。だから、嫌いな人がいるからといって職場を変えているのでは、どの職場でも半年はつとまらないかも知れない。

ヒソヒソうわさ話ばかりする嫌な奥さんがいるからといっていたら、日本中どこに住んでもすぐに引っ越ししなければならない。

そうした点からいえば、耐えなければならないこと、我慢しなければならないことはこの人生に実に多い。

しかし、何かにつけて、「この程度の嫌なことはどこにいってもあるんだよ」という人がいる。こういう人は弱い歪んだ人間である。

確かに商売をすれば、商売にはいろいろ嫌なこともあるし、サラリーマンにはいろいろ大変なこともある。

しかし、このように何かにつけて「何をやったって嫌なことはあるんだよ」という言い方をする人は、自分の選択したことの失敗を認められない人でもある。

結婚したら大変なことばかりである。完全な人間はいないのだから、不完全な人間同士が一緒に住むのは大変なことである。

しかし、これを口実にして「どんな人と結婚したって同じだよ」と、自分の結婚の失敗に直面することを避けている人もいる。

自分の選んだ職業の失敗を認めたり、自分の結婚の失敗を認めたりするのは大変なことである。だから多くの人は、失敗に直面することを避けて、いろいろな口実をもうける。

なかには、自分の失敗に直面できないで一生逃げまわっている人もいる。そうした人はいつも不愉快そうにしている。いつも何かいらいらしている。何か他から見ていても不安定である。欲求不満で顔をしかめている。

どんな小さな失敗でも、どんな大きな失敗でも、素直に自分の失敗を認めることが、強い人間の条件である。自分のした失敗から目をそらす人の人生はいつも灰色である。

他人の目を気にしすぎていないか

第三には、自慢話をすることである。

自慢話をいつもしていると、なにか自慢することがなくなると、もう他人がつきあってくれなくなるような気がしてくる。

そうした勘違いというのをしている人は、けっこうたくさんいるようである。会うたびになにか新しい自慢話をする人がいる。そういう人は、新しい自慢話がないと、人に会えないような気持になってくる。

むしろ逆で、たいてい人間というものは、他人の自慢話を心地よくは聞いていないものである。自慢話のタネがなくなってつきあいがこわれた、ということは聞いたことがない。しかし、自慢話をしすぎてつきあいがこわれるということはよくある。

自慢話についても前にいったことはあてはまる。つまり自慢話をしている時、自慢することがなくなると自分は無価値のように錯覚してしまうのである。

だいたいにおいて、自慢話をする人は自信のない人が多い。なにかありのままの自分ではいけないような不安を内面に持っている。しかし自慢話をしていると、実はいよいよ自信喪失していくものである。自信を回復したいなら自慢話をやめるしかない。

第四に、他人が自分をどう思っているかを気にすることである。

つまり他者のなかにある自己のイメージにとらわれないことである。

こういうことをいったら馬鹿にされるのではないか、こういうことをしたら軽薄と思われるのではないか、逆に、こんなことをしたら尊敬されるに違いないとか、こんなことをいったらユニークな人と思われないだろうか、とか、たえず他人が自分をどう思うかということで行動したり、主張したりすることを、やめることである。

僕の知人が以前離婚した。二人が結婚してしばらくして、子供ができないことがわかった。そこで奥さんは犬を飼いたいといった。するとご主人は反対した。なぜか？「子供がいないのに犬を飼えば、周囲の人は、子供がわりに犬を育てていると思う。そう思われるのが嫌だ」からである。

奥さんは頭にきた。それまでも、何をするにもまず、他人がどう思うかということで決めてきたご主人に、不満であった。しかし今度は、子供が生まれないという宿命を前にし、いかに生きるかということを真剣に考えているときに、他人がどう思うかということで、ことを決めようとしたからである。

他人を非難しても心の苦しみは解決しない

第五には、欲求不満から他人を非難することである。

よく小さい子供が「お父さんは古い」とか「お母さんは時代おくれだよ」とかいって、親を非難することがある。

こういう親への非難は、どうも日本だけではないようである。というのはアメリカの心理学の本にもこういう表現が出てくるからである。

おそらく誰でも一度や二度、このように親を非難したことがあるかもしれない。

しかしよく考えてみると、このように非難する時、本当の理由が〝時代おくれ〟であろうか。実は本当の理由は他にあるのではないであろうか。本当の理由は「親に認めてもらいたい」「もっと親にほめてもらいたかった」「自分の期待した通りの評価を親はしてくれなかった」とか、そんなことではないであろうか。

親に限らず、他人を非難する時は注意しなくてはならない。

本当は、「もっと相手に認めてもらいたかった」「自分の望むほど相手は自分を認めてくれなかった」そんなことへの怒りから、われわれは相手を非難することが多い。そして他人を非難している時、人間はなぜか自分が無力である、という無力感から解放される。

正義漢のような顔をして社会を非難している人が、実は自分の無力感に悩んでいるなどということがよくある。

若い女性の服を見て、「あの人、センスが悪い」などと非難する年寄りの女性が時々いる。

そして自分と一緒にいる男性が、その若い女性と親しげに話でもしようものなら、「どうしてあなたはそんなに浮気っぽいの」などとヒステリー気味になる。

こうして他人を非難している人は、その非難をしている時だけは、何か心の悩みから解放されたような気持ちになるものである。

しかし相手への非難が終わって一人になってみれば、非難する以前よりもっと深い無力感に、自分の無価値感に苦しんでいるものである。

他人をどんなに非難してみたところで、実はその非難の本当の理由をさらに大きくしてしまうだけである。

欲求不満から他人を非難する人は、一時的には不満が解消されても長期的には、より欲求不満になっている。非難の本当の理由が「本当は相手にもっと認めてもらいたい」のなら、非難のあと、もっと相手に認められたくなっている。他人を非難しても、心の苦しみは本質的には解決しない。

アメリカの例であるが、こんなのがある。僕の友人の精神分析医のところに二十三歳の青年が電話してきた。

彼は自分の母親を馬鹿だという。それは母親が彼の部屋の暖房器のうしろにマリファナを発見して「おまえは堕落している」とどなったからである。

彼によれば、マリファナは癖にはならない。したがって他のドラッグとは違う。ところが母親はマリファナと他の癖になるドラッグと混同している、というのである。

彼はその精神分析医に「あんな愚かな人間（母）と暮らすのは耐えられない」といった。

精神分析医が、「あなたはそれをいいたいために電話してきたのですか？」と聞くと、それには答えずに彼は「あなたもお袋が低能だとは思いませんか？」といった。

そこで精神分析医が「お母さんはマリファナに潜在する危険を大袈裟に考えているんだ」といったのだが、彼は再び「お袋のそばにいるのは耐え難い」といった。

それからしばらくして僕の友人のこの精神分析医は彼と会うことになり、いろいろ話しあっていくうち、だんだんとわかってきたことがある。

彼は母親の経済的援助に頼って生活していたのである。彼は生まれてこのかた自分の部屋代も払ったことがない。アメリカの場合、日本の青年よりはるかに独立への傾向は強い。大学生でもなんとか奨学金をもらって自分でやろうとしている。

それに彼の子供の頃の夢の中には一家の長となって生計を立てていくということが含まれていた。

彼は、自分では気にすまいと思いながら、内心このように母の経済的援助に頼って生活していることがやりきれなかったのである。そこで彼はなぜかわからずいらだっていた。

そしてさらに彼は母親同様自分には生計を立てていく能力があることを知っていた。このことが余計彼の内心のみじめさを刺激していた。

そこで彼は自分を救う方法として、母親の過ちを探しだして、あざけることにしていたのである。面接の結果、そのようなことがわかってきた。

さて、私たちが何だかわからずいらだつ時、それは実ははっきりした原因がある場合が多い。ところが自分で自分に眼をふさいでいるのでそれがわからないだけである。

ことに、上役や友人や先生や有名人などをことさらに「あいつは馬鹿だよ」などといってあざける場合はそうである。自分の一番奥深いところでは、その自分の痛いところを知っているのである。しかしそれを意識するのが嫌で、自分から眼をそむけているのである。そして他人の過ちばかりかき集めているのである。

しかし、もし不愉快ないらだちから解放されたいなら、勇気を持って自己認識し、自分の人生に正面から挑戦していくしかないであろう。

他人を非難することは最もてっとりばやい自己救済の方法である。しかし、安易ではあっても、自分の傷を深くしていくだけである。それは自分が変わろうとしないで、他人の自分に対する扱いを変えてくれといっているだけだからである。

何事も本質的には自分自身が変わらなければ解決しない。

他人をいたずらに非難することで何か自分にとって素晴らしいことがあったかどうか、ノートとペンを持って考えてもらいたい。何かノートに書くことがあるだろうか。

物事を誇張していう人間の落とし穴

第六には、誇張して話をすることである。

僕も高校時代に経験があることであるが、試験の時など、必要以上に自分が遊んでいたといいふらすことがある。

友人に聞かれもしないのに「昨日は中学の友達が家に遊びにきてすっかり遊んじゃったよ」などというのである。

ひとつには試験が悪かった時の言いわけなのであるが、もうひとつには、遊んでいても俺はよい成績がとれるほど頭がいいのだ、とできれば皆に知ってもらいたいのである。

中学時代の友人と遊んでしまったのが本当ならまだしも、時にはウソの時がある。いやウソとまではいかなくても誇張していう時がある。

十二時ぐらいまでテレビを見ていたのに、夜中まで見ていたと誇張してしまう。

彼がこのように遊んでしまったと友人にいうのは、遊んでいても成績がよければ頭がよいという証拠だからである。そして頭のよいことは素晴らしいことだという信念があるからである。

そしてその信念に動機づけられて彼は自分の遊びを誇張してしまう。

ところがこのように誇張してものごとをいうと、その信念を強化するものである。つまり誇張していったことで、たいして勉強もしないでよい成績をとる人間は素晴らしい人間だという信念をより深くしてしまう。

そうした誇張をつづけていると長い間にその信念を再生し、強化しつづけることになる。

そしてさらに恐ろしいことは、そのように誇張し、そのように信念を再生強化しつづけると、次第に自分の周囲の人間が、自分が遊んでいても成績がよくない限り、相手にしてくれないのではないかと感じはじめることである。もちろん、周囲の人間の中にはそのような人もいるかも知れない。軽薄な人は、たいして勉強もしないのに成績のいい人としてあなたに憧れるかも知れない。

しかし、いつも誇張しているといつの間にか自分の周囲にいる人間は、先生も、上役も、友人も、ガールフレンドも、隣人も、皆そんなことで自分を大切にしてくれると錯覚する。彼は誇張している限り、どの友人が、彼の本当のありのままの姿を知っても、これまで通りつきあってくれるかを知る機会をなくしてしまう。やがて彼は、ひとつの特性、この場合でいえば、勉強しなくてもよい成績であるということに頼って生きるようになる。

どう考えてもさして立派ではないこの特性に頼って生きれば生きるほど、いよいよこの特性なしには人間づきあいができないような気がしてくる。

サラリーマンになってノイローゼになる人もいる。健康を害してまで立派な車を買おうとする人もいる。これらの人々もある日突然こうなったのではなく、中学・高校からのひとつひとつの行動の選択の結果としてそうなったのである。

自分の劣等感から他人を責める

第七に、過去にかかずらわって生きることである。

ものすごく妬み深い学生がいた。自分の恋人が、少しでも他の男性と話をしているのを見ると、一週間ぐらい不機嫌になってしまう。

自分の恋人がただ他の男性とちょっと言葉をかわしても、「二人はもしかしたらお互いに好きなのではないか」と考えたりする。

大学の教室でたまたま他の男性と並んでいるのを見ると「もう彼女は僕から離れようとしているのではないか」と憎しみと愛情の入りまじった複雑な感情におそわれる。

大学の食堂で自分の恋人が他の男性と食事をしているのを見ると、「僕が秀才ではないので、彼女は僕よりももっと頭のいい人間をさがしているのか？」などと妄想する。

とにかくえらい妬みなのである。そしていつも自分の恋人が自分から去っていくのではないかと不安になっている。そして、その不安感がもとで彼女に対しても素直に愛情を表現することができない。

彼には積極性がどこにもない。自分の恋人と思っている人が自分を好きでないのなら、自分の魅力でこちらをむけさせてみせる、などという能動性はどこにもない。他の男性が彼女を誘うなら、自分は他の男性よりもっと素晴らしいデートを彼女に味わわせてやろう、などという積極性はどこにもない。

それで、ただ「あの人は誠実でない」とか「僕が有名大学の学生でないから」とか、何も働きかけないでグズグズいっているだけなのである。

彼がある時相談にきた。正直の話、どこにも、男らしさを感じない男性であった。自分が彼女をこちらにむかせようとする努力を何もしないで、ただ彼女がもっとこちらをむいてくれないといって文句をいっている。

いろいろ彼と話していくうちに、彼は今いる大学に第二志望で入ったことがわかった。ところが彼は中学生の頃からずっと第一志望の大学は決めていたのである。そしてその第一志望の大学に入りたいと願ってきた。そして彼の尊敬する両親もそれを望んできた。彼は両親からも〝すぐれた子〟と思ってもらいたいと熱望してきた。

つまり、彼はその第一志望の大学に長いこと強い感情的な投資を行ってきたのである。その強く長い感情的投資が彼の考え方を歪めてしまった。つまり彼と話をしていると、すべてのことを、自分がその第一志望に入れなかったことと結びつけてしまう。恋愛が思うようにいかないことも、何もかも、自分の第一志望不合格と結びつけて考えるのである。

相手の女性はべつに何もそんなことは問題にしていないかも知れないのである。人間は長いこと強い感情的投資をすると一人勝手な解釈をはじめる。

この人はおそらく、もし第一志望の大学に入れても、豊かな友情や実りある恋愛はできなかったであろう。

おそらく第一志望に入れば入れたで、今度はその成功に頼って生きていこうとするであろう。こういう学生に限って成功すると、「俺は○○大学の学生だ」と、それに頼って生きていく。自分が○○大学という大学の名前をいえば、女性は皆こちらを振りむくと思い、振りむかない女性を、くだらない女性と思いはじめる。

そして、その結果、現実の世界からいよいよトンチンカンな一人よがりの世界に入っていってしまう。

現実の世界で現に生きている他の人は、その第一志望の大学と第二志望の大学をそれほど、たいへんな違いがあるとは思っていない。彼が一人で勝手にそう思い、その錯覚のうえで生活しているのである。

なぜそう錯覚してしまったか、世間のいわば普通の人の感じ方と、なぜそれほどまでにズレてしまったか、それはさきにもいった通り、長いことあるひとつの成功に感情的な投資を行ってきたからである。

おそらく彼女のほうは、彼の第一志望の大学と第二志望の大学の違いに無関心であったであろう。彼は勝手にその二つの大学の違いにこだわっているのである。そのうえで、他人を責めているのである。

責められている彼女のほうこそいい迷惑である。実際の彼女と違った女性に勝手に彼の想像の上で仕立てあげられているのであるから。

われわれがある人に認められたいと熱望したとする。そしてわれわれが何かの劣等感を持っていたとする。すると、いつの間にか勝手に、相手を決めてしまいがちである。相手は差別意識を持った人間だと。

われわれに必要なことは、他人がわれわれに本当に感じている感じ方を知ることなのである。

過去にこだわって未来の可能性をつぶすな

この長いことあることに強い感情投資をしていることの第二の危険は、視野が狭くなることである。

つまり中学校の頃から第一志望の大学が決まって、長いことそれにむかって努力しているると、いつの間にか、そこの大学に入ること以外の人生が考えられなくなってくる。

つまり人生はいつでも別のように変わり得るのである。ところが、ひとたび第一志望の大学が決まれば、人生はもはやそのように生きる以外に変わるはずのないものと思い込んでくる。

四月になると第一志望の大学に入れなかった人の自殺の記事が新聞をにぎわす。また自殺しなくても第二志望の大学に入った人が無気力になってくる。

長いことひとつのことに感情投資をしていると、このように自由な考え方を失ってしまう。自分の人生がもっと自由なのだということが、どうしてもわからなくなってしまう。そして自分の人生がもっと可能性に満ちているのだということもわからなくなってしまう。

実は精神分裂病の患者にはこのような傾向がある。

われわれ普通の人間は、状況によって決断を延期したり、取り消したりする。そのように状況を支配する自由な可能性を持っている。ところが分裂病患者にはこの自由が欠けている。

第二志望の大学に入ってきて、いつまでたっても、この過去のある時点での決断に支配されて、ブツブツ文句ばかりいっている人がいる。

一つの人生が終われば、別の人生がはじまる、ということがどうしても理解できない人は、いつもグチをこぼしている。

そうして嘆いていることの十分の一のエネルギーでも、何か積極的なことに取り組んだらと思うのであるが、そういう人は決して新しいことに取り組まない。嘆いていることの百分の一のエネルギーでも、もし地域の仕事にふりむけたり、今の勉強にふりむけたり、人を愛することにふりむけたりしたらいいと思うのだが、嘆いている人は、嘆いていること以外にはなかなかエネルギーを使いたがらない。

それは第一志望の大学というようなものでなくても同じである。失われた愛にいつまでもかかずらわっている人もいる。

分裂病になる人は、失われた愛、本来不可能な愛の回復をめざしたりする。かつての決断に支配されて不可能なことへ自分を強制していく。このように分裂病にならないまでも、われわれの中には、失われてしまった恋にいつまでもかかずらわっている人がいる。

ものごとをクヨクヨ考えるのは心身の毒である。ところが日本には実に奇妙なことにこのクヨクヨ悩んでいる人間が頭がいいのではないかという恐ろしく間違ったイメージが一部にある。

ハムレットと頭のよさは関係ない。大切なことは現在の自分にふさわしい身の処し方である。

自分の人生が自由な可能性を持っているのだとわかった人にとって、人生は愉快な点も多いし、世の中も案外愉快なところがある。しかし自分の過去にかかずらわっている人間は、どうしてもこの自分の人生の自由な可能性に気がつかない。

昔、宮本武蔵の本を読んでいた時、たしか次のような話が出ていた気がする。

彼が長いことかけてある荒地をたがやしていた。ところが嵐がきて、その地はどんなに耕作しても駄目な土地だと知ると、アッサリとその土地を後にした。正確な話はどんなものであったか忘れたが、おおよそ、こんな主旨の話をどこかで読んだ気がする。

これなどは分裂病患者とは逆に、実に立派な成熟した態度である。あることに感情的な投資を行っても、決してそのことによって自分の人生を支配されない。

分裂病患者は、ひとたびある選択をすると、その選択に宿命的な支配力を与えてしまう。

人間はさまざまの進路の選択を迫られる。それはその人にとって危機である。「やると思えば、どこまでやるさ、それが男の魂じゃないか」という男の心意気は結構だけれども、ひとたびした選択に宿命的な支配力を感じてその道を歩まねばならぬことはない。

悟るということは、そうした意味で決して消極的なことではない。それよりも自分から去っていった恋人、入れなかった第一志望に、いつまでも固執してクヨクヨしていることこそ、消極的なことである。あれこれ、いつまでひねくりまわしていても苦しさは増すばかりであろう。無限に広がる未来の可能性を持ちながら、何をわざわざ苦しむのだろう。

〝他人の同情なしには生きていけない〟

第八には、いたずらに周囲の同情を得ようとすることである。

時々、異常と思えるほど謙虚な人がいる。何をいうにも、何をやるにも、先ず「私なんか……」といってからでないとはじまらない。通常なら自分の劣ったところを隠すのに、かえってそれを誇示する。「私のような貧しい家の者には……」と必要以上に、自分の家の貧しさを強調したりする。これを第二次劣等感という。

僕はこの第二次劣等感を持っている人は、他人からの同情を得ることだけが喜びになってしまっている人だと思う。

小さい頃、病気になると、健康な時と違ってたいていのわがままは通ってしまう。皆が、いつもより自分には気を遣ってくれる。辛いこと、嫌なことは何もしなくていい。その上、大切にされる。それは実に気分のいいものである。しかし、その気分のよさは成長していく喜びではなく、退行していく生気のない喜びである。

小さい頃、何か自分の欠点を誇示することで、他人から同情を集める習癖がついてしまうと、二十歳になってからも、なかには三十歳、四十歳になってからも治らない人がいる。

他人からの愛情を獲得するのは病気である時だけだ、ということで、自分の弱さを誇示すればするほど、その人は自分の弱点によってしか他人の愛情を得られない、と確信するようになってしまう。

自分の魅力が自分の病気である、という前提に従って行動すればするほど、自分には他に何もないと思えてくるし、いよいよ他人からの同情なしには生きていかれなくなる。自分の不幸を必要以上に口にする人は、他人の同情なしに生きていかれなくなってしまった人なのである。

小さい子供の頃、野原で棒を持って仲間と遊ぶのも楽しいし、今述べたごとく病気になって、周囲の人が自分に同情してくれるのも気分がいい。しかし一方は成長の喜びで、他方は破滅する喜びである。破滅するというのは、具体的には不機嫌に苦しむということである。自分でも自分をどうしていいかわからなくなるのである。

他人の同情に頼って生きていればいるほど、いよいよ他人からの同情なしには生きられなくなる。そしてもっと恐ろしいことは、何かを成し遂げることが怖くなるのである。なぜなら、何事かを成し遂げれば、他人からの同情を失うからである。

何かをやろう、という意欲もないし、そのこと自体が怖くなる。

こうして他人の同情なしに生きていけなくなってしまった人は、何か成し遂げられる環境が与えられても、すぐに、それができないという理由を見つけ出してくる。やろうと思えばいつだってできるのに、「お金がないから」とか「子供がいて忙しいから」とか「周囲の反対があるから」とか「そんなことをすれば親が悲しむから」とか、あげくの果ては「私にはそんな能力がないから」と、何とかしてやらないでいい理由を見つけてくる。

ある奥さんは夫婦関係がうまくいっていなかった。そこで親戚や友人の間を泣きごとをいってまわった。どんなに自分がみじめか、そしてどんなに夫がひどいかを、同情を求めて歩きまわったのである。

ところが、彼女は同情を求めて親戚の家に泣きごとをいいに行くたびに、同情への欲求を強化していた。彼女はそのたびに、より大きな同情を求めて次のところに行く。

自分がいかに憐れかをいうたびに、実は彼女は自分がみじめであるという確信を強めていたのである。

同情を求めるだけで自分の人生を無駄にしている人は、実に多い。

彼女が自分を救う道はただひとつ、自分を憐れまない、ということだけであるにもかかわらず、逆の泥沼に自らころがり込んでいくのである。しかも周囲の人間を巻きぞえにしながら。

困難な事態にさいしてはただ泣きわめくだけという人は泣きわめくことで周囲の同情を得ようとしているのであろう。

たとえば、結婚生活がうまくいかないといって、すぐに実家に帰る女性がいる。実家にかえって一人で泣いている。しかも泣いているところを見てもらうために泣いている。彼女は泣くことで同情を得ようとしている。しかし実家の親に同情を得たからといって、一人で乗り切っていこうという姿勢がない。

青春時代に大切なのは難局を乗り切っていこうという姿勢である。

愛されたいためにウソをつくとき

さて、よそおうこと、言いわけをすること、自慢話をすること、他人の眼を気にした行動をすること等で、自分が自分を嫌いになっていくということを書いてきた。

ここで、第一の「自分をよそおう」ことで、いかに多くの恋愛が不幸をもたらしているかを考えてみたい。

われわれは自分をよそおう。ことに「愛している人」の前では。

あるサラリーマンが、好きな人に「自分は東大を出ている」とウソをついてしまった。恋人に隠しごとをすると、どうしても不安でたまらなくなる。この男性は東大を卒業しているとウソをつくことで、実は東大を卒業していなければ自分は愛されないのではないか、と錯覚しはじめるのである。東大を卒業しているとウソをつかなければ、べつにそれほどの重大事でもなかったことをウソをついたことで、重大事にしてしまった。

東大を卒業しているとウソをついたことで、東大を卒業していない自分が価値がないと思いはじめたのである。隠しごとをしなければそのことはさして重要ではなかったのに、隠したことで、重要に感じてしまったのである。そして隠しつづけることで、当初さほどでもないと思っていたことが、日に日に重要なことのように感じてきてしまう。

アメリカ人の例である。両親がイタリア人であった。自分の両親がイタリア人であることをそれほど恥じていなかったのに、好きな人ができて、その人の前で思わず、自分の両親はイタリア人ではないといってしまった。

自分の両親はイタリア人ではないと恋人にウソをついて、一週間たってみると、そのお嬢さんの心の中に変化が起きた。

両親がイタリア人であることが今までになく恥ずかしく思えてきたのである。恋人に隠しごとをしなければ、べつに自分の両親がイタリア人であることをそれほど恥ずかしいこととも思わないですんだことを、自分についての事実を隠したために、その隠した事実が重大なことに思えてきたのである。

隠しさえしなければ、イタリア人の両親を持つ自分を、それほど無価値とも思わないですんだのに、隠したことで自分を無価値と感じはじめてしまったのである。

人間はホラを吹いているとホラの内容が重要なことのように感じはじめてくる。

ある女性は好きになった男性の前で「自分は何人もの男性から求婚された」とウソをついてしまった。〝もてる女〟のイメージが欲しかったのだろう。本当は求婚などされてはいなかったのである。

ところが求婚されたとウソをついたことで、求婚されていない自分が無価値に感じられてきたのである。

そして人間はウソをつくと、いよいよそのウソのイメージに価値をおいてしまう。彼女とてはじめから、求婚された女か、されない女か、などはさして問題としていなかったのである。女の価値は、もてるか、もてないかによって決まるものではないと、その女性も最初は思っていたのである。

ところがウソをつきつづけると、次第に心理的な変化が起きる。そして、いつの日か、女の価値は、もてるか、もてないかによって決まるように感じてしまう。そしてウソをついた時から不安と苦しみがはじまる。

本当の自分を知られまいとする抑圧心理が働きだす。本当の自分は価値がないのだという劣等感がはじまる。他人の眼を意識して長いこと、本当の自分を隠しつづけると、はじめは不安におののいて激しい行動をするかも知れない。自分をとりつくろうことに必死になって動くかも知れない。しかしやがて何をするのもおっくうになる時がくる。無気力である。

不幸の流れをどこで変えるか

ここにあげた三つの恋愛のケースはいずれも失敗に終わっている。

そしてさらに大切なことは、相手はいずれも東大もイタリア人も求婚も、さして問題にしていなかったのである。その人たちが勝手に東大を出てなければ愛されない、両親がイタリア人では愛されない、求婚もされていない女は愛されないと、一人で勝手に決めこんでいたにすぎない。そして勝手にひねくれ、勝手に不安になり、勝手にいらだち、勝手に憔悴《しょうすい》していったのである。

三つのケースともいったんは恋愛は成立し、そしてこわれた。そしてこの恋愛でおそらく三人とも幸福ではなかったであろう。恋愛する前のほうが不安にさいなまれることはなかったであろう。

人間は愛されたからといって幸せになれるものではない。今ここにある現実の自分を受け入れてもらうことによってしか幸福にはなれないのである。もし〝今、ここにある現実の自分〟を愛してくれないならば、愛されないほうが幸せである。

人間は不幸だからこそ、本当の自分を偽わる。しかしそのことによってさらに不幸になる。不幸だからこそ、〝今、ここにある現実の自分〟を隠しだてして他人に受け入れてもらおうとしてしまう。そしてさらに不安にさいなまれてしまう。

本当に幸福な人は〝今、ここにある現実の自分〟を受け入れてくれないなら、決して他人に受け入れてもらおうとは思わない。その態度によってさらに確実な幸福を手に入れる。

止まっている物体は動こうとせず、動いている物体は止まろうとしない慣性の法則のように不幸な人は、さらに不幸になる考え方、態度をとろうとし、幸福な人は、さらに幸福になるような考え方、態度をとろうとする。

恋愛によって幸福になる人もいれば、恋愛によって不幸になる人もいる。

不幸な人は、どこかで自分の不幸の流れをかえるきっかけを摑まなければならない。実はそのきっかけは、愛されようとすることより愛そうとする態度を持つことのなかで摑める。

この文のはじめに「」つきで、愛している人の前では人々はとりつくろう、と書いた。しかし正確には愛している人の前ではない。だからこそ「」をつけたのである。

正確にいえば「愛されたいと望んでいる人」の前で、である。愛することより愛されることを望むような受け身の態度の人には、相手の愛が見えないのである。

相手の愛が見えないとはどういうことか、つまり相手は東大をイタリア人を求婚を問題にしていないのに、それがわからないのである。

相手を愛そうという能動的な姿勢になった時、相手が自分を愛しているのは何故か、ということがわかってくる。そしてその愛が真実のものであるなら、相手が愛しているのは〝今、ここにある現実の自分〟であることがわかるに違いない。

愛されることでなく、愛そうという能動的な姿勢になった時、愛することの不安と苦しみはやわらぐのである。

愛されようと受け身になる時、その愛は不安と苦しみを増すものでしかない。

第IV章

自分を受け入れる

〝逃げない生き方〟とは一体、何か

他人によりかかっていては強くなれない

“逃げ”と“甘え”は表裏一体である

生ま生ましい願望が持てない依存型人間

他人に精神的に依存している人間は「何々をしてもらう」とか「何かをされる」とか、「してやる」とかいうような形でしか自分を意識できない。

「自分はこれこれのことがしたい」というかたちで自分を意識できてはじめて依存の心理を脱け出したといえるだろう。

依存の心理を脱け出していない人間は、「こんなにしてあげたのにこの態度は何事だ」とか、「こんなにしてもらっては申しわけない」とか、そのような形でしか自分を意識できない。

「自分はこれこれがしたいから、協力してくれ」という形で自分を意識できるようになって依存の心理を脱け出したのである。

さらに一般化すれば、相手に感謝すべき時に「すみません」というのは、まだ依存の心理から脱け出していない人であり、「ありがとう」といえる人は依存の心理を脱け出した人であろう。

人間にとって願望ということはきわめて大切である。

「どうしても私はドイツ語でゲーテを読みたい」

「どうしても俺はあの人を恋人にしたい」

「どうしても俺は政治家になりたい」

「どうしても私は自分で喫茶店をやってみたい」

「何とかしてゴルフのハンディをシングルにしたい」

「何とかして野球が上手になりたい」

「何としても○○大学のラグビー部を打倒したい」

どのような種類の願望であれ、自分自らの生ま生ましい願望を持つならば、人の気持ちは自然と明るくなり、他人依存ではなくなり、情緒的に成熟してくる。

ところが、そのように自分自身にとって生ま生ましい願望を持たないと、他人への要求が多くなる。恩きせがましくなる。

ある父親は、家に帰ってきて家の人のちょっとした言動ですぐに不機嫌となり、ひどい時はそこらへんの物を投げたり、台所のテーブルをひっくりかえしたりして暴れる。

「俺がこんなに疲れて帰ってきているのにお前たちの態度は何だ」というのがだいたいの主旨である。

つまり、父が帰ってくるならば、皆がいっせいに玄関に「おかえりなさーい」ととんで出ていかなければならない。スリッパをそろえていなければ、それでもう不機嫌になる。

ところが逆に、スリッパがそろえてあり、皆がいっせいに「おかえりなさーい」と出ていけば機嫌がいい。

つまり、この人は他人が自分にどのような態度をとるか、ということに自分の感情が依存しているのである。

おみやげを買って帰ってくる。皆が「わァーすごい」といえば機嫌がいい。ところが、お菓子を買ってきて皆が「おいしい」といって食べなければ急に不機嫌になる。そして「俺が酒も飲まないでこんなに早く家に帰ってきてやっているのに」と怒り出して、時によっては物を投げる。

逆に、皆が「おいしい、おいしい」といって食べれば機嫌がよく、「他の奴らは馬鹿だよ、あんなくだらないバーなんかで飲んで」となる。

他人が自分にどのような態度をとるか、そのことに自分の感情が依存すれば、依存するほど、他人への要求は強くなる。

つまりこの父親は、本当に生ま生ましい自分の願望がないのである。自分の感情が自分自身の内部に根をおろしていなくて、他人の態度に依存している。

愛されることだけを求めるのは…

このような人間は、もちろん恋人に対しても同じである。恋人が三十分前に行って待っていれば機嫌よく、十分遅れれば機嫌が悪い。三十分遅れようものなら一日中機嫌が悪く、デートのあいだ中ブツブツいっていて、何のためにデートしたかわからなくなる。

他人の自分に対する態度に自分の感情が依存すれば、当然、他人の自分に対する態度に過大な要求が出てくる。そこに無理があるし、不満も出てくる。そうすると、いつしかまるで他人が自分も苦しめているような気持ちになってくる。

社会的に重要人物でもないのに、たかが十分遅れてもそれほど重大ではないのだが、もう機嫌が悪くなっておさまらない。そしてその十分遅れた人間に苦しめられているような気になってくる。

ただ、このような人間の特徴は、自分の家族とか、自分の恋人とか、自分の内側の人間に対して機嫌が悪いので、自分の外側の人間に対しては、きわめて機嫌がいい。いわゆる内面は悪いが外面はよい、というタイプである。気難しいのは内側の人との間であって、外側の人に対しては卑屈なまでにニコニコする。

それも、自分にとって生ま生ましい願望がないから、他人に好かれたい、嫌われるのが嫌だ、ということだけで動いているからである。

愛することの幸せを知った人間は、愛されることばかりを求めない。自己中心で他人依存の人間は愛されることばかり求めるから、他人への要求が多くなるのである。

あげくの果てに、相手に対して自分をこのように愛してくれない、あのように愛してくれないと不満を持つ。自分の恋人に対して、自分を愛する態度が悪いとケチをつけるような人間は救いがない。そのような人間にどう接してみても相手は不満を持つ。

愛される喜びは誰でもわかる。しかし愛する喜びは情緒的に成熟した人間だけがわかるものである。

ノイローゼの人間は誰でも甘えているし、自己中心的であるし、他人依存である。甘える年齢ではないのに甘えの気持ちを脱け切れず、自己中心的で他人依存でなくなる年齢であるにもかかわらず、自己中心的で他人依存であるからノイローゼになるのである。

自分の甘えや自己中心性に気がつくことは大切であるが、さらに大切なことは、それを行動によってなくすことである。

自己中心的で甘えている人間は、他人の悪口ばかりいっている。要するに、他人とつきあえないのである。自分が冷たい人間なのに、他人を冷たいと非難する。自分の自己中心的なわがままを相手が通さなければ、相手を〝冷たい人間〟と責めるのである。

人間は誰でも、生まれた時からしばらくは甘えているし、自己中心的である。三歳の子供が自己中心で甘えてなければお化けであるか、神様である。問題は二十歳、三十歳、人によっては六十歳になっても自己中心的な人間がいることである。ひどいのになると、自己中心的な人間のまま死んでいく人がいる。

自己中心的な人間の〝親切〟とは？

ノイローゼの治療についての本などにはよく、この自己中心性の自覚ということが書いである。たしかに、自分が冷たい心の持ち主で、自分が冷たいと非難していた相手のほうが実は温かい心の持ち主であったと気づくことは大切である。

たしかに自覚は第一歩かも知れない。しかし「あーあ、俺は自己中心的だったなー」としみじみ気づくのは、自分が自己中心的な感情の動きをしなくなってからなのである。

自己中心的な感情の動きをすればするほど、人間は自分の自己中心性には気づかない。本当に相手をけしからんと思ってしまうものである。

「あーあ俺はずいぶん勝手な人間だなー」と思いはじめた時は、自己中心性をすでに克服できはじめているのだろう。

自分が不親切な人間であるほど、相手を責めやすい。

自己中心的な人間も時に他人に親切なことをすることもある。

しかし自己中心的な人間の親切というのは、「私はこんなにも親切なんだ」ということを自分と他人に見せるための親切である。自分は親切であると自分と他人に〝ふり〟をするための親切である。したがって「私がこんなに親切なのに、あの人は……」と、結局は激しく相手を非難することになる。

親切な行動の動機は何か？

それが大切なのである。「自分は親切な人間である」と自分にも他人にも見せたいということが動機であるならば、それは本当の親切とはいえない。そのような親切なら親切などしないほうがよい。相手には迷惑である。つまりさきにも書いたように、「私はこんなに親切なのに」という非難がはじまるからである。相手に対して自分を印象づけようとすると、どうしても感情が欺瞞的になる。自己中心性の自覚の困難はここにある。

自己中心的な人間の行動そのものが常に冷たく残酷であるならば、他人も自分も案外気づくであろう。しかし精神を深く自己中心性におかされている者が、時に大変人道的な行動をするから、自分にも他人にもわからなくなってしまうのである。

たとえば、ある大学教授で、これはひどく自己中心的で心の冷たい人がいた。自分の弟が死んでも平気でいた人である。ところが、その人がある日突然、まったく見知らぬ学生の交通事故死の葬式に参列し、涙を流した。

この人の生活全般を長く知っている人にしてみれば、その人の行動のアンバランスが見えるが、ほんの部分的にしか知らない人には、その人の行動のアンバランスがわからない。ちょっと知っている人は、「あんな立派な人格者はいない」とか「あんな心の温かい人は政治家や実業家にはいない」とかいっている。

しかし、実はこの人は、自己中心的甘えからやはりノイローゼとなり、入院してしまった。この人が見も知らぬ学生の交通事故の葬式に参列したのは、「自分はこんなにも学生のことを思っている」という自分と他人への〝ふり〟であったのであろう。そして、交通事故に対する〝正義の怒り〟の〝ふり〟であったのであろう。

自分が冷たい心であればあるほど、自分に対して温かい人間の〝ふり〟をする人もいる。その人もそうであったろう。弟の死には平気なくせに、ある時弟が病気になったら不必要なほど看病した。医者がその必要はないというのに、講義は休み、夜中も起きていた。

ところが、それからしばらくは、今度は一年に一回も見舞いに行かなくなり、遂に病死するまで病院に行かなかった。この人のすべての行為は、自分と他人への〝ふり〟なのである。つまり、自己中心性の甘えの自覚はきわめて難しい。

この人にしても、「自分は自己中心的ではない。見知らぬ学生の……」とか「弟が病気になった時は……」とか思えるし、他人にもそう見える。

自分の行動の動機をはっきり知る

親切や思いやりの心というのは、情緒の成熟をまって出てくるものだろうが、自己中心性はなかなか表面の行動では本人にも他人にも理解できない。

さきに述べた父親についても同じである。子供におみやげを持って帰る父親なのである。行動を見る限りよい父親である。実際この父親は「俺くらいよい親父はいない」というのが口ぐせであったという。したがって、自分の息子がノイローゼになって精神病院に入っても、まだ自分の自己中心性には気づかなかった。つまり、息子は幼い頃から親父が怖くて仕方がなかったからノイローゼになったのである。

父が帰る時間頃になると、緊張して「いつ玄関のベルが鳴るか？」と身構えていたのである。そしてベルが鳴ると、脱兎のごとく玄関に走っていき、おみやげを見ては「ウァー」といって飛び上がった。

夏になると家族旅行に出かけた。しかし、それも動機は同じである。父親が「旅行に行くか？」とその息子に聞けば、やはり飛び上がって喜んで家の中を走らないと、その父親は猛烈に不機嫌になって、何日も口をきかなかったり、家の中でまた物を投げたりした、という。そこで、その子は、いつもその父親の言葉で飛び上がって家の中を走った。

つまり、この父親にしてみれば、同僚と酒も飲まずみやげを買って帰り、夏には家族旅行しているのだから、自分で自分を立派な父親と思っても不思議はない。問題は動機である。

最低の父親は自分が最低であると自覚していないが、最悪の父親は自分が最悪であることを知っている。最悪の父親とはつまり、飲んべえで、家に金もいれないで競輪や競馬ばかりやっている父親である。

最低の父親は、自分が自己中心的な甘えを持っていても気がつかない。それほど自分の自己中心性には気づきにくいものである。

自分が自己中心的な甘えを持った人間であるかどうかは、自分の行動ではなく、自分の行動の動機をはっきり知らなければならない。

ところが、ここで問題なのは、誰でも自分の真の動機には眼をそむけたがるものであるということである。本当の動機に眼をそむける、ということが無意識の問題なのである。当の本人は、神のため、と思ってやっていることが、実は性的不満が真の動機である、ということだってある。

われわれは他人に対して立派そうに見せかけようとするばかりではなく、自分に対しても自分を立派そうに見せたがるものなのである。したがって本当の動機が自分の劣等感であるのに、他人への親切が動機であると思ったりする。

自分ではあることをやるのは責任感からと思ってやっていても、本当の動機は、他人に尊敬されたいという動機でやっている場合もあろう。

まわりとのトラブルを生む行動の背景

そこで大切なことは、真の動機をどうして見つけるか、ということである。

たとえば、大学である役職を引き受けることについて考えてみよう。たとえば、ある人が学生担当教務主任という役職を引き受けたとする。学生のさまざまな不安・不満・要求はすべてこの役職者のところに集中する。他の先生方が自分の研究に専念していたり、温泉に休養にいっている時でも、毎日学生の非難を一身に受けて大学のために頑張らねばならない。六〇年代や七〇年代前半の大学紛争の時代であれば、過労で倒れて病院にかつぎ込まれるまで頑張らねばならない。およそ自分とは無関係のことで非難罵倒される。これほどわりの合わない仕事もない。

さて、この役職を引き受けた人を考えてみよう。この人の真の動機が、他人から立派な人だと思われたいという動機だったとする。しかしこの人自身は、意識の上で大学への責任感から引き受けたと思っている。

この場合、この人は、他の教授たちを「無責任だ！」と猛烈に非難しはじめる。もともとこの教授は引き受けるに際して無理をしているのである。その無理をしているうっぷんが、他人への非難となってあらわれる。

しかし、もし本当の動機が、大学への責任感であったら、この人は、以前と同じ態度であろう。人間である以上、このような場合、多少は他人への非難はふえても仕方がない。しかし責任感から引き受けた人は、急に他人への非難が激しくなる、ということはない。

そして責任感から引き受けた教授は、この仕事を引き受けたことによって一般的には大学への愛着を増す。

行動はその背後にある動機を強化する。責任感以外の動機で引き受けたものは、むしろ大学への恨みを増す。

つまり真の動機は、その仕事をした時、した後、自分の気持ちがどう変化しているか、ということによってわかる。

この世の中には、わりに合わない仕事というのがたくさんある。その仕事をする真の動機は、このようにその仕事をしている最中と、そのあとの自分の気持ちでわかる。自分が仕事を引き受けるに際して意識している動機は、必ずしも真の動機ではない。

異常なかたちの使命感や倫理感は、劣等感のあらわれでしかない。

ただ自己中心的な動機で行動していれば、自分の自己中心性をどんどん強めていってしまうから、次第次第に周囲との溝を深くしていってしまう。

周囲との不快な摩擦が多い、周囲の人間がすべて不愉快だ、いつも周囲の人と戦っていなければならない、そんなようになってしまった人間は、自分が思っている自分がどんな人間であれ、やはり自分の自己中心性を考えてみなければならない。

行動すれば行動するほど活動的になっているはずなのである。自己中心的な動機で行動した人は周囲とのトラブルが多すぎて、いらだっているであろう。また、自己中心的な動機からの行動は真の満足をもたらさないから、毎日が不快であろう。

自己中心的な動機で行動しながらも、それを自分にも他人にも隠し、何か立派な理由づけをしていると、いよいよ自分がわからなくなる。一体自分は真に何を望んでいるかわからなくなる。

この章の最初に書いたような願望を持てなくなっている。

今までいろいろな行動をしてきていながらも、いまだに自分が一体何を真に望んでいるのかわからない人は、今まで自分が考えていたほど自分は立派ではなかったということである。

しかし、決して自己卑下することはない。われわれは可能性の存在であって、生まれつき立派でもなければ、生まれながらに駄目でもない。

今まで自分が社会を非難したり、他人を倫理的に非難したのは劣等感があったからだとわかること自体が、自分の偉大な可能性を示している。

他人依存の心理をどう克服するか

さきにあげた恩きせがましい甘えた自己中心的な父親は、おそらく周囲の人間を非難するだろう。

「俺がこんなに皆のことをやってやっているのに」

「俺は自分を犠牲にしてここまで家庭のことをやってきたのに」

この父親は、自分がまさに子供にしたことによって子供が自分を恨むようになる、などということが考えられないのである。

このさきにあげたケースの場合は、子供はやはりノイローゼになり、病院に入った。やがて出てきたが、父を憎んだ。それはまさに父が子供に〝自己犠牲的に〟したこと、そのことのために父を憎んだのである。

自分が他人のために尽くしたのに、他人が自分を恨んでいる、などという時も、自分がどのように自分を考えていたにしろ、自分の自己中心的な動機を考えなければならない。

他人のために何かすればそれでいいなどというものではない。

だからこそ、恩きせがましくない願望を持つことが大切なのである。そして、他人依存の心理を克服していく過程で、このような願望を持つこともできる。またこのような願望を持ち、このような願望に従って行動することが、他人依存を克服していく。

真の自分の動機を知るためには勇気がいる。それは現実に直面することだからである。しかし、現実から眼をそらしている限り、決して真の自分を知ることができない。

自分に直面していくためには勇気がいるが、同時に、自分に直面していくなかで勇気も出てくる。

逃げることは自分を破壊することである。徹底して運命から眼をそらさなかったのはオイディプス王である。

かけ値なしの自分をみつめていくこと

オイディプス王にみる〝逃げない生き方〟

運命にたちむかう強靭な意志

ギリシャ時代のソポクレスが最も円熟した時代に書いた最大の悲劇「オイディプス王」はさまざまな人によっていろいろに語られてきた。

人間の運命と意志の対立を描き切ったと絶賛される。僕もそれはそれとして正しいと思う。主人公が自らの破滅へと一歩一歩進んでいくその姿は、読む人の体を固くし、興奮させる。

運命の悲惨を予感しながらも、それにむかって雄々しく歩んでいく人物は、読む人の心をとらえ、息つくことも許さない。一気に読んで、読み終わってフーッと気が抜けて、それまで自分の体がいかに固くなっていたか、と気がつくような偉大な作品である。

オイディプス王は、自らの父を自らの父と知らずに殺し、自らの母を自らの母と知らずに妻とする。

最後にそれらの事実を知って、母であり妻である人が身を飾っていた黄金の留針を着物から引き抜いて、高くかざし、われとわが眼の奥深く突き刺した。それも一度ではなく、いくたびか手をかざして眼を突いた。

「血だらけの眼の玉はそのたびごとに鬚《ひげ》を染め、血潮はぽたりぽたりではのうて、どっと黒く霰のようにすさまじく、滴《したた》り落ちた」（高津春繁訳・人文書院刊『ギリシア悲劇全集II』二六二頁）

僕の読んだ解説はそれほど多くはないが、たいていは毅然たるオイディプスが、いかなることが起ころうとも、自らの運命にたちむかっていこうとするすさまじい意志を書いている。それには同感であるが、しかしまた別の見方もできるのではなかろうか、という気がしてくるのである。

もしオイディプスがオイディプス王となる以前から、このようにいかなることが起ころうとも、それにたちむかっていこうとする決心を持っていたら、オイディプス王の悲劇はなかったのではないかということである。

悲劇は何からはじまったか

ライオス王に、神託があった。生まれる子によってライオス王は殺されると。そこで生まれた子がオイディプスであった。

ライオス王はこの生まれた子を、つまりオイディプスを、生まれてから三日とたたぬうちに、両のくるぶしを一緒に留金で刺し貫いて、道なき山中に捨てた。

ところが、羊飼いの召し使いは、ライオス王の妻から、この子、つまりオイディプスを受けとると、本当は山中に捨てないで、仲間の羊飼いに与えた。その仲間の羊飼いの地である他国に連れ去ってもらったのである。

そして死んだと思ったオイディプスは、他国で育つ。コリントスの地である。

ところがオイディプスは、自分の父や母の実の子ではないという噂をやがては聞く。

「わが父はコリントスのポリュボス殿、母はドリスのメロペ殿。……ある男が宴席で酒に酔いしれて、俺を父上のほんとうの子でないと呼ばわりおった。」(前掲訳書)

そこでオイディプスは悩み、デルフォイにお告げを聞くために赴く。

ところが、そこで神託によって告げられたことは、オイディプスは自分の父を殺し、生みの母と交わるということであった。

それを聞いたオイディプスは、コリントスの地へは帰らない。それはこの時オイディプスは実父はコリントスのポリュボス殿とまだ思っていたからである。

つまり、神託によって告げられた自らの禍いが起きないような地を目指して、逃れるのである。

ところが、道行くうちにライオス王と会い、殺してしまう。やがて妃と会って王となる。

ところで、これをこのように解釈していくと、どうなるか。

デルフォイで自らの運命を聞いたオイディプスが、自らの運命を、たとえそれがいかに悲惨であろうと、担って生きていくより仕方がないのだと決心したらどうなるか。自らの運命をなんとかして逃げようとしなかったら、実父を殺すことはなかったのである。

神託の不祥事が成就されることを逃れようとしたことが、悲劇の原因なのである。

もしこの神託を告げられた時、彼が王となってからのオイディプスのように偉大な人間であったら、彼は逃げなかったであろう。

王となってからのオイディプスは、ことが明らかになっていく過程で、いう。

「なんなりと起これ！　自分の素姓を、俺はそれがいかに賎しくとも見とどけたいのだ……。俺の素姓を底の底まで探ってみせるぞ！」

事情を知る者が、口が裂けてもいうまいとしたり、なんとかしてオイディプスが事情を知って不幸になるのを避けようと努力するのに、オイディプスは断固として、正面から自己の運命と対決していこうとする。何事も逃げたり、隠されたりすることを許さない。

母であり妻であるイオカステが、「どうぞ、わたくしのいうとおりにして下さいませ。これはおやめなされませ」というのに、オイディプスはあくまでも「いいや、このことは突きとめぬわけにはゆかぬ」と断固たる決心を貫き通す。

このような断固たるものを、オイディプスが神託を告げられた時持っていたら、悲劇は一切起こらなかったのである。ところが、まずはじめにオイディプスは逃げた、これが悲劇のはじまりである。

すべての人々の〝逃げ〟を背負う

この「オイディプス王」の悲劇は、実はすべて逃げることからはじまる。まず、先王ライオスが、神託のお告げから逃げるべく、生まれた子を三日で捨てようとする。ライオス王の妻もまた、自分の子を捨てるべく、羊飼いの召使いに手わたすのである。

後に事件が明らかになっていく時の会話で、その子を召し使いにわたしたことについて、「何のために」とオイディプスは召し使いに問う。

召し使い「その子をわたしがあやめるため」

オイディプス「自分の子を？　非情な！」

召し使い「神託の凶報を恐れてでございます」

もしこの時、ライオス王の妻が、神託を恐れなかったら、ライオス王も妻も、そしてオイディプスも救われていたのである。

そして召し使いは、殺さないで憐れみから羊飼いの仲間にわたす。他国に連れ去ってもらおうと。しかし後から考えれば、この小さいオイディプスをもらって他国へ連れ去った男もまた悲劇に加担しているのである。

召し使い「……ところがこの男が救ったのは、いちばん大きな不幸となるためでございました」

実はすべての人が、運命を正面からみつめて対決していこうとしたのではない。

ある解説によれば、「あらゆる人々のあらゆる善意の行為が一つ一つ積み重ねられて、

恐ろしい悲劇への進行する様《さま》はまことにすさまじいものがある」（前掲訳書）

ところが僕から見れば、はたしてこれは善意なのだろうか、と首をかしげる。実は善意でありながらも、皆が運命と正面きって対決していくことを逃げまわった人々である。そして、その善意もさらに本当に善意の名にあたいする善意であるかどうかもあやしい。

もし本当の善意であるなら、最後まで口を割るべきではなかったろう。登場する人物は善意ではあるが、別の面からいえば、その時、自分がそのように行動するのが一番楽だった、というにすぎない。

だからこそ、最後には、口を割り、あるいは自分の利益を求める使者となる。最後のオイディプスのみが、毅然として運命を正面から見すえてはなさない。

オイディプス「おお、すべては明らかとなったようだな。おお、光よ、これが見おさめだ。生まれるべきでない人から生まれ、交わってはならぬ人と枕を交わし、害すべきでない人の血を流したこのおのれ！」（前掲訳書）

ここにおいて、自らの意志によって自らを罰していくというすさまじい意志を見せる。

ここでも逃げようとすれば逃げられた。しかし逃げなかった。

最後のほうに「使者」の言葉がある。

「……自ら招いた苦しみはいちばん痛いものだ」

運命が恐ろしければ恐ろしいほど、それを正面から見すえなければならないのであろう。どんなに恐ろしい運命であっても、それを正面から見すえ、その必然の運命を担おうとする時、運命はより軽くなる。

「オイディプス王」という人類が持ち得た最大の悲劇作品も、じつは、「運命を逃げた」ことによって起きたものであった。

神託に恐れおののいたからこそ、神託が成就してしまったというのが、この悲劇「オイディプス王」ではなかったか。恐怖こそが、恐怖を実現させてしまったのである。恐ろしい神託を正面から担おうと誰かがすれば、恐ろしい事件は起きなかった。

最後には、オイディプス王はそれらのすべての人々の「逃げ」の集大成を背負って立つ。

キリストが人類の罪をあがなうべく、人類に代わってはりつけになったごとく、オイディプスもまた人々の「逃げ」を背負っていくのである。

“本当の自分”を認めたくない…

人間はおそらく誰でも、自分の中ではウスウス気がつきながらも、どうしても認めることのできない何かを持っているのではなかろうか。

ヒステリー性格の人は、冷たい、という。そしてその冷たさを自分にも隠そうとしてオーバーに温かさをよそおう。

自分では自分が冷たい人間であるとウスウス気づきながらも、ヒステリー性格の人はそれ故に、本当の自分から眼をそらそうとする。

運命を直視する、ということは、自分にとって自分が明らかになることを恐れないということでもある。

自分の不幸の予感を持ちながらも、オイディプスは、自分を底の底まで探ってみせようとする。この気迫こそが、人生の別れ路には必要であろう。

ヒステリー性格の人にしてみれば、どうしても自分が冷たい人間とは思いたくないのである。自分は心の温かい人間と思わなければ、生きていけないような気持ちになっている。それほど自分が冷たい人間であると思うことは辛い。辛いからこそ、不自然に温かそうに見える行動をとるのである。

「ほら、自分はこんなに心のやさしい人ではないか」と自分に見せている。自分で自分に〝ふり〟をする。〝ふり〟をするということは、自分に自分が明らかになってくることを拒否しようとすることである。

おそらく多くの人にとって、どうしてもこれだけは認めたくない、という性質、事情、事実があるのではなかろうか。

「あの時自分があぁしたのは、決してそういう気持ちからではない」というようなことは多くの人にあるのではなかろうか。

「あの時、別れたのは、嫌いだからじゃないんだ」とか、「あの時、なぐったのは弱い者いじめじゃないんだ」とか、「あの時は本当に盗んだんじゃないんだ」とか、「あの時、怒ったのは、自分のためではないんだ」とか、きりのないほど多くのことがある。

どうしても、これだけは認めたくないというものが人にはある。それを認めたら相手には許してもらえないようなこと、しかもその相手を今自分が必要としている、そんなことが時に人にはあろう。

自分がそんな汚い人間だとは、どうしても自分で思いたくない、そういう時がある。

しかし、そのように、本当の自分の姿が自分の前に明らかになってくることを拒否すれば、悲劇は大きくなる。

人間は自分で自分を偽わって生きていたほうが、一見すると楽そうに見える。しかしそれこそが人間を不機嫌と憂鬱に導くことではなかろうか。

自分がこれほど激しい復讐心を持っているなどとは思いたくない、あるいは自分は親を憎んでいるなどと思いたくない。いろいろと思いたくないことは人間にはあろう。

誰も自分が卑怯な人間とは思いたくないし、自分がウソつきだとも思いたくない。

しかしあの時自分が逃げたのは自分のためではない、妻子のためだとか、あの時自分がウソをついたのは、自分のためではなく、あいつを救うためだとか、本当の自分に直面することを避けると、不機嫌と憂鬱が待っているだけであろう。

現実と直面する以外に活路はない

卑怯な自分に直面していくこと、あの時俺は卑怯だった、ずるかった、誰のためでもない、俺自身がずるかったからこそ、あのように行動したのだ、と認めること、そのことを通して人間は、卑怯な自分を乗り越えていかれるのではないだろうか。

ちょうど、キェルケゴールが、神への絶望を通じて神に至る、といったごとく。逆説的に聞こえるが、たしかに、卑怯な自分を乗り越えていくためには、卑怯な自分を徹底的にみつめることが必要である。

自分は心の冷たい人間だ、自分の利益のために、あの時、何十年来の友人を裏切ったのだ、そうハッキリと自分をみつめること、そのことを通してしか、温かい人間になる路はないのではなかろうか。

自分があの葬式で涙を流したのは、自分が冷たい人間だからである、自分にむかって温かい〝ふり〟をしただけである、そう自分の心の冷たさをみつめることを通してしか、成長はないのではなかろうか。

そこで「どうせ俺は卑怯だよ」とか「どうせ私は冷たい女よ」とかいうのは、直面した自分に耐えられなくて逃げているのである。甘えているのである。

自分に直面し、その自分を背負って生きていこうとする時、われわれの中に明快な感情の芽が出てくるのではなかろうか。

あのブドウはスッパイといった時、不機嫌と憂鬱への路を歩みだしたのである。あのブドウを自分は欲しかった、しかし自分には手がとどかなかった、そう自分にハッキリということを通してしか、明快な感情に至ることはできないのである。

オイディプス王の勇気を持つことが、オイディプス王の悲劇を避ける唯一の路なのである。

自分に直面する、現実に直面する、ということは、決して自責の念にかられるということではない。

自分で自分を責めている時、実は自分を責めることで自分の罪から許されようとしているのである。

自分で自分を責めているのは、その人がいまだ甘えている証拠である。まだ正面から自分の運命を直視していない証拠である。逃げようとするあがきが自責である。

いくら自分を責めてみても救われることはない。自分を責めてみたところで、怖いものは怖いのである。

自責の念にかられている人は、まだ自分への執着を捨てきれず、何かを恐れ、何かから逃げようとしている人である。自分の犯した罪を背負って生きていく覚悟ができていない人である。

〝自分の人生に何があったか〟を考え直せ

ヒステリー性格について、よく自分を実際以上に見せようとする、と心理学の本には解説がある。その通りだが、正確にいえば、自分の中に何もないことを隠そうとする、ということではないだろうか。

自分を実際以上に見せるというが、実際の自分とは実はカラッポで、空虚な自分でしかないのではないだろうか。

自然な温かい感情としての他人に対する思いやりがあるわけではない。動物に対する愛情があるわけではない。学問への興味があるわけではない。仕事への情熱があるわけではない。自然のふところに抱かれる時に味わう安らかさを持っているわけではない。見たい絵画があるわけではない。読みたい小説があるわけではない。会って心温まる友人がいるわけではない。実は何もない。その何もなさを、他人と自分に隠そうとしているのが、ヒステリー性格といわれる者の第一の特徴ではなかろうか。

自分を実際以上に見せようとするというよりも、自分には何もないということが明らかになることを避けようとする、ということであろう。

事態に直面すること、自分に直面すること、現実に直面することを避けるのは、実際の自分があらわれることを避けようとするのではなく、あらわすべき自分の内容が何もないということが、自分にも他人にも明らかになることを恐れているのである。

運命に直面し、自分に直面し、現実に直面していくことを避ける人間は、次のように考えねばならないだろう。

今まで、自分は現実の自分と直面することを避けてきた、しかし一体それで、何が自分の人生にあったというのだろう。今までの自分の人生に何があったか、と。もちろん、まず自分に直面することを逃げてきた人は、逃げてきたということ自体を認められないだろう。しかし、一体今までの自分の人生に何があったか、と考えるならば、自分に直面することを避けることの空しさを感じないだろうか。

何もなかった。だとすれば、どんな小さなことでも自分の人生に何かを持つことのほうが幸せではなかろうか。どんな小さなことでもいい。小鳥への愛情を持つことでもいい。何でもいいから、何か持つことのほうが幸せであろう。

自分には何もないのだ、ということが明らかになる機会を避けているのがヒステリー性格である。しかし、ヒステリー性格とは、人間の精神的成長がどこかで止まっているということにすぎない。

自分を実際以上に見せることから話をはじめて、自分を実際以上に見せることで話を終える。この本を読み終わったところで、再びノートとペンを持ち、今までの人生を振り返り、自分を実際以上に見せることで一体、自分の人生に何があったかを書いてもらいたい。

エピローグ・自分を直視することで道は開ける

他人に振りまわされない強い自分をつくるために

他人の眼に合わせたことをやっていると、たとえ他人の眼に高く評価されても、依然として他人の眼は自分の存在をおびやかしつづけるものである。

他者と出会うことができるようになると、人間の欲望自身に変化が起きる。

他者と出会うことができない時は、他者から高く評価されたいと望む。したがって、実際の自分以上に自分を見せようとする。

しかし他者と出会うことができると、実際の自分以上に自分を評価してもらいたいという欲望よりも、ありのままの自分を受け入れてもらいたいという欲望に変わる。

それは、他者と出会うことによって、すでに自分の自我の基盤ができ上がっているからである。生きていくのに支えがすでにできているから、あえて自分を実際以上に見せようとはしないですむ。

世間があなたをどう見るかが大切なことではなく、あなたが世間をどう見るかが大切なことなのである。

もちろん、それが精神的安定をもたらす限り、ということである。

なかには「世間の奴らはくだらないよ」と世間を見下しながらも、世間の評価をえらく気にしている人がいる。世間の評価を恐れていながら、世間の見方などどうでもいいと虚勢をはれば、よけい世間の評価が気になりだすだけである。

世間の評価を恐れながら「世間の奴らはくだらない」と虚勢を張っている人間はすぐにわかる。そういう人は、「世間の奴らはくだらない」といいながらも、失敗を恐れて物事に挑戦していかない。世間を口ではけなしながらも、心の中で恐れているから、積極的になれないのである。受け身で攻撃的な人は、自分に直面した後に世間が自分をどう見るかが大切なことではなく、自分が世間をどう見るかが大切なことである、という言葉になぐさめられるであろう。

その時、すべての人に受け入れられなくても、やっていかれるようになる。すべての人というと大袈裟だが、自分が会った人、自分の接する人、というような意味である。

自分の会った人すべてから評価されよう、好かれようとする人がいる。そういう人は、評価されよう、好かれようと努めながらも、いや努めるが故に、他者と出会うことができない。

いつまでたっても、他者は自分の存在にとって脅威になる。

誰とも出会えない時、われわれは他人が自分をどう思っているか、ということが気にかかる。誰とも出会えない人は、他人がどう行動するか、ということも気にかける。

他者と出会えるということは、他者とつながりを持っているということである。しかし、他者とつながりを欠いた場合、自分をどうして他者にむけていったらよいかわからない。そこで、他者はどうやっているかということを気にかける。

つまり他者は結婚したかしないか、他者は車を買ったか買わないか、他者はあのパーティに何を着ていくか……といったように、他者との比較において自分を測定しなければならなくなってしまう。

それではどうすれば他者と出会えるのか、それが今オイディプスについて述べたことである。つまり自分に直面していく、ということである。

自分と直面することによって他者との出会いが出てくる。そして、他者と出会うことでさらによく自分と直面できる。

他者との出会い→　←自分と直面する

このようななかで自我の基盤は強化されてくるのであろう。

自我の基盤が強化されてくれば、些細なことで悩んで神経衰弱になり、自分の一生を台無しにすることもない。

このように、他者との出会いと自分との直面を通して自我の基盤は強化され、遂にはいろいろやってみたけれど、自分にはこれしかないんだ、というようなものにつき当たる時がくる。それこそ自我の基盤が強化された証拠であり、またこれしかないということをやることによってますます自我の基盤は強化されていく。

自分のやっていることが高級だとか、低級だとかいうことではなくて、自分のやっていることは、自分にとって必要なことだ、という認識ができるようになる。そして必要なことだ、という感じは、よりよくやることによってしか生じてこない。

必要か必要でないか、という感覚は、いかにやるか、ということにかかっている。背のびすることと、上手にやろうと努力することの違いはここにある。

まえに述べた自分を嫌いになる行動というのは、ことごとく自分と直面することを避ける行動なのである。そして自分を好きになる行動というのは、自分と直面していくことを促進する行動なのである。

モラトリアム人間というのは自分に直面することのできない人間ではなかろうか。

自分が自分に直面していく時、すべてはひらけてくる。もはや自分の人生において、自分が価値あるかどうかを決めてもらおうと、他人のほうを見る必要がなくなるからである。

最後に、この本を書くに当たって大和書房常務の谷井良氏に大変お世話になったことを記し、感謝の意を表したい。

本作品は小社より一九八〇年六月に刊行されました。

加藤諦三（かとう・たいぞう）
1938年、東京に生まれる。東京大学教養学部教養学科を卒業、同大学院社会学研究科修士課程を修了。早稲田大学名誉教授、ハーバード大学ライシャワー研究所客員研究員、日本精神衛生学会顧問。ラジオのテレフォン人生相談で、半世紀以上出演中。著作は文庫を含めると600冊以上、海外での翻訳出版されたものは約100冊、アメリカ、カナダ、ドイツ、フィリピン、韓国など世界中で、講義、講演を行なっている。外国の著作で日本語に翻訳したものは、40冊以上。

だいわ文庫

自《じ》分《ぶん》の構《こう》造《ぞう》
逃《に》げの心理《しんり》と言《い》いわけの論理《ろんり》

著者　加《か》藤《とう》諦《たい》三《ぞう》

二〇二一年一〇月一五日第一刷発行

発行者　佐藤 靖
発行所　大和《だいわ》書房
東京都文京区関口一-三三-四　〒一一二-〇〇一四
電話 〇三-三二〇三-四五一一

フォーマットデザイン　鈴木成一デザイン室
カバーデザイン　小口翔平＋三沢 稜（tobufune）
本文デザイン　荒井雅美（トモエキコウ）
印刷　歩プロセス
製本　ナショナル製本

ISBN978-4-479-30887-4
乱丁本・落丁本はお取り替えいたします。
http://www.daiwashobo.co.jp

JASRAC 出 2107716-101